Veronika Pichl

Einfach kochen mit dem Schnellkochtopf

Veronika Pichl

Einfach kochen mit dem Schnellkochtopf

50 leckere Rezepte mit wenig Aufwand

riva

Bibliografische Information der Deutschen Nationalbibliothek
Die Deutsche Nationalbibliothek verzeichnet diese Publikation in der Deutschen Nationalbibliografie. Detaillierte bibliografische Daten sind im Internet über http://d-nb.de abrufbar.

Für Fragen und Anregungen
info@m-vg.de

Wichtiger Hinweis
Ausschließlich zum Zweck der besseren Lesbarkeit wurde auf eine genderspezifische Schreibweise sowie eine Mehrfachbezeichnung verzichtet. Alle personenbezogenen Bezeichnungen sind somit geschlechtsneutral zu verstehen.

Originalausgabe
2. Auflage 2024

Türkenstraße 89
80799 München
Tel.: 089 651285-0

Redaktion: Caroline Kazianka
Umschlaggestaltung: Maria Verdorfer
Umschlagabbildungen: Shutterstock.com: DronG, Ivanna Pavliuk, Joshua Resnick, Kolpakova Svetlana
Satz: Müjde Puzziferri, MP Medien, München, www.mp-medien-muenchen.de
Druck: Florjancic Tisk d.o.o., Slowenien
Printed in the EU

ISBN Print 978-3-7423-2241-8
ISBN E-Book (PDF) 978-3-7453-2021-3
ISBN E-Book (EPUB, Mobi) 978-3-7453-2022-0

Inhalt

Einfach kochen mit dem Schnellkochtopf 8

Der Schnellkochtopf – was ist das eigentlich? 8

Kochen mit dem Schnellkochtopf: die Vorteile 8

So wird der Schnellkochtopf verwendet 10

Suppen 15

Kartoffelsuppe 16

Blumenkohlsuppe 18

Kürbis-Karotten-Suppe 20

Gulaschsuppe 22

Vegetarisch 25

Erbsen-Gemüse-Topf 26

Linsen-Karotten-Curry 28

Pilzrisotto 30

Bunter Kohltopf 32

Süßkartoffel-Kichererbsen-Curry 34

Ratatouille 36

Linsen-Grünkohl-Eintopf 38

Kichererbsen-Auberginen-Eintopf 40

Kartoffelpüree 42

Djuvec-Reis 43

Apfel-Rotkohl 44

Semmelknödel 46

Fleisch 49

Sauerkraut-Kartoffel-Eintopf 50
Pichlsteiner Eintopf 52
Rahmgulasch 54
Nudeln in Hackfleischsoße 56
Paprika-Reisfleisch 58
Pasta mit Schinken-Sahne-Soße 60
Pulled Pork 62
Gefüllte Paprika 64
Bolognese-Reis 66
Schweinebraten 68
Rinderbraten 70
Kohlrouladen 72
Chili con Carne 74
Rouladen 76
Tafelspitz 78

Geflügel 81

Hähnchencurry 82
Paprikahähnchen 84
Kartoffel-Paprika-Puten-Topf 85
Chicken Balls in Tomatensoße 86
Hühnerfrikassee 88
Putenhack-Kohl-Topf 90
Wirsing-Hähnchen-Topf 91
Putengeschnetzeltes 92
Mexikanischer Hähnchentopf 94

Fisch und Meeresfrüchte 97

Fischfilet mit Karottensticks 98
Fischfilet auf Gemüsenudeln 100
Shrimps-Risotto 102
Fischcurry 104

Süße Gerichte 107

Panna cotta 108
Dampfnudeln/Hefeknödel 110
Apfelmus 112
Milchreis 114
Erdbeer-Rhabarber-Kompott 116
Schokoküchlein 118
Gefüllter Apfel 120

Bonusmaterial zum Buch 122
Über die Autorin 123
Zutatenregister 124

Einfach kochen mit dem Schnellkochtopf

Ist der Feierabend gekommen, freuen sich die meisten von uns auf Entspannung zu Hause und ein leckeres Abendessen. Doch da gibt es oft ein Problem: Etwas Ausgewogenes und frisch Gekochtes soll auf den Tisch – aber nach einem langen Arbeitstag und der Erledigung der üblichen Aufgaben im Haushalt steht nur den wenigsten noch der Sinn nach aufwendigem Kochen. Bedeutet das, dass Fertiggerichte oder der Lieferservice die einzig entspannte Lösung sind?

Weit gefehlt! Schließlich geht schnelles, leckeres und zeitsparendes Kochen fast wie von allein – und zwar mit dem Schnellkochtopf.

Ob vegetarische oder Fleischgerichte – mit dem altbekannten Schnellkochtopf steht eine leckere Mahlzeit im Handumdrehen auf dem Tisch. Kein Wunder, dass der Küchenhelfer, der schon in der Küche unserer Großeltern nicht fehlen durfte, aktuell ein echtes Comeback feiert.

Der Schnellkochtopf – was ist das eigentlich?

Der Schnellkochtopf ist ein zeitloser Küchenhelfer, der schon den Alltag unserer Großeltern erleichterte.

Wie sein Name erahnen lässt, handelt es sich bei einem Schnellkochtopf um einen Kochtopf, der die Zubereitung von Lieblingsgerichten ausgesprochen zeitsparend möglich macht. Von der klassischen Gemüsesuppe bis hin zu Rouladen und saftigem Lachsfilet lassen sich die verschiedensten Speisen im Nu in dem speziellen Kochgerät zubereiten.

Das Geheimnis der verkürzten Garzeit ist dabei der Druck, der im Inneren des Schnellkochtopfes erzeugt wird. Er erlaubt es, Lieblingsgerichte mit einer Zeitersparnis von bis zu 70 Prozent zu kochen.

Kochen mit dem Schnellkochtopf: die Vorteile

Kochen mit dem Schnellkochtopf bringt gegenüber der herkömmlichen Zubereitung von Speisen im Topf oder in der Pfanne gleich mehrere Vorteile mit sich. Neben einer besonders schnellen Zubereitung macht der Schnellkochtopf nämlich auch energiesparendes und nährstoffreicheres Kochen möglich.

Zeitsparendes Kochen

Mit dem Schnellkochtopf lassen sich frische Eintöpfe, leckere One-Pot-Pasta und viele andere Gerichte im Handumdrehen zaubern. Durch hohe Temperaturen und Druckentwicklung im Inneren des Topfes verkürzt sich die Garzeit vieler Gerichte um 30 bis 50 Prozent. Wird eine höhere Druckstufe verwendet, kann die Zubereitungszeit sogar um 70 Prozent reduziert werden. So lassen sich Gerichte, die normalerweise eine Garzeit von 60 bis 90 Minuten voraussetzen, in nur etwa 25 Minuten zubereiten.

Mehr Aroma, mehr Nährstoffe

Im Schnellkochtopf werden Gemüse, Fisch oder Fleisch nicht nur sehr schnell, sondern auch schonend zubereitet. Die Lebensmittel werden im Dampf gegart – so bleiben viele Vitamine und Mineralstoffe erhalten. Das bedeutet zum einen: Im Schnellkochtopf gekochte Gerichte sind oft nährstoffreicher und damit besonders ausgewogen und wertvoll. Zum anderen wird durch das schonende Garverfahren aber auch viel Aroma bewahrt, sodass Schnellkochtopf-Gerichte ausgesprochen lecker sind.

Schneller kochen, Energie sparen

Leckere Gerichte in kürzerer Zeit zuzubereiten ist nicht nur bequem – es hilft auch dabei, Energie zu sparen. Schließlich wird ein Dampfkochtopf wie ein gewöhnlicher Kochtopf auf dem Herd verwendet – dennoch nimmt die Zubereitung von Speisen weniger Zeit in Anspruch. Die verkürzte Kochzeit hilft dadurch ganz automatisch beim Einsparen von Gas oder Strom.

Welche Lebensmittel lassen sich im Schnellkochtopf zubereiten?

Prinzipiell lassen sich von Fleisch und Fisch bis hin zu Gemüse und Hülsenfrüchten quasi alle Lebensmittel, die üblicherweise im herkömmlichen Topf gekocht werden, auch im Schnellkochtopf zubereiten.

Bei einigen Speisen ergeben sich durch die Verwendung des Schnellkochtopfes noch einige besondere Vorteile: Getrocknete Hülsenfrüchte wie z. B. Linsen, Erbsen usw. kann man im Schnellkochtopf auch ohne langes Einweichen sehr schnell weich garen, und die Nährstoffe bleiben alle erhalten. Auch ein Risotto gelingt in circa 5 Minuten Garzeit, und das ganz ohne ständiges Umrühren.

So funktioniert ein Schnellkochtopf

Während des Kochvorgangs wird der Schnellkochtopf mit einem passenden Deckel fest verschlossen. So kann der Dampf, der sich während des Kochvorgangs bildet, nicht aus dem Topf entweichen. Hierdurch entsteht im Inneren des Topfes zum einen Druck. Zum anderen erhöht sich aber auch die Siedetemperatur des Wassers. Das hat zur Folge, dass hohe Temperaturen erreicht werden und sich die Garzeit der zubereiteten Gerichte erheblich verkürzt. Mithilfe verschiedener Druckstufen können dabei während des Kochvorgangs Gartemperaturen zwischen 113 und 119 °C erzielt werden.

Gefährlich für den Verwender ist der im Topf entstehende Überdruck dabei nicht. Schließlich gibt es mehrere im Deckel des Topfes integrierte Sicherheitsmechanismen, die den Druck im Inneren nicht ins Unermessliche ansteigen lassen.

So wird der Schnellkochtopf verwendet

Die richtige Füllmenge

Wer seinen neuen Schnellkochtopf zum ersten Mal in Gebrauch nehmen möchte, sollte zunächst unbedingt die Gebrauchsanleitung aufmerksam durchlesen. Zudem gibt es eine wichtige Regel, die für alle Schnellkochtöpfe gilt und unbedingt berücksichtigt werden sollte: Die Höchst- und Mindestfüllmenge müssen beachtet werden (Flüssigkeit und Gargut)!

Im Dampfkochtopf befinden sich normalerweise Markierungen, die die jeweiligen Füllmengen anzeigen. Wird die Mindestfüllmenge nicht erreicht, befindet sich zu wenig Flüssigkeit im Topf und der für den Kochvorgang notwendige Druck kann nicht aufgebaut werden. Wird die Maximalfüllmenge hingegen überschritten, können die Ventile des Topfes verstopfen. Auch das kann die Garzeit nachteilig beeinflussen.

Grundsätzlich ist die Füllmenge auch davon abhängig, welche Speisen zubereitet werden, und zwar:

- Bei aufquellenden und sich vergrößernden Speisen wie etwa Reis und Linsen gilt: den Topf weniger als bis zur Hälfte füllen.
- Bei nicht aufquellenden und sich vergrößernden Speisen wie Fleisch und Gemüse sollte der Topf maximal bis zu ⅔ gefüllt sein.
- Nutzt man den Dämpfeinsatz, gilt die Mindestfüllmenge nicht. Stellen Sie das Gestell/das Dreibein in den Schnellkochtopf und füllen Sie die Flüssigkeit nur etwa bis kurz unter den Dämpfeinsatz.

Garzeiten

Wurden die Angaben beachtet, sollten alle Speisen nach der vorgesehenen Kochzeit richtig durchgegart sein. Ist das jedoch einmal nicht der Fall, dann ist auch das kein Problem: einfach den Deckel erneut auf den Topf setzen (nicht verriegeln) und das Gericht in 2 bis 3 Minuten fertig garen.

Bei den Garzeiten kann es abhängig von Schnellkochtopf und Lebensmitteln zu kleinen Abweichungen kommen. Eine Tabelle mit allgemeinen Garzeiten finden Sie auf der Bonusseite zum Buch unter **happyfitfood.de/schnellkochtopf.**

Übrigens: Ist einmal kein Kochen mit Überdruck gewünscht (z. B. beim Blanchieren von Gemüse), lässt sich ein Schnellkochtopf auch als normaler Kochtopf nutzen. Dazu den Deckel nur auflegen, ohne ihn einrasten zu lassen, oder Topf ohne Deckel verwenden.

Die Druckstufen

Der Schnellkochtopf hat meist zwei Druckstufen. Stufe 1 wird für empfindlicheres Gargut wie Fisch und Gemüse empfohlen und Stufe 2 für Gerichte mit Fleisch und Geflügel oder auch Eintöpfe und Suppen.

Um Druck aufzubauen, wird der Deckel des Schnellkochtopfes mit seinem Dichtungsring aufgesetzt und nach Gebrauchsanleitung verriegelt bzw. verschlossen. Danach kann man die gewünschte Druckstufe einstellen und den Topf auf der Herdplatte erhitzen. Der Druckindikator zeigt an, wann die Druckstufe erreicht ist. Ab hier beginnt die Garzeit, und Sie können die Hitze der Herdplatte reduzieren. Der Druckindikator sollte sich aber nicht absenken, ansonsten muss die Hitze wieder etwas erhöht werden. Bei stabilem Druck wird dann die Speise gegart.

Das Abdampfen

Um den Deckel öffnen zu können, muss Dampf abgelassen werden. Das kann man auf drei verschiedene Arten erreichen:

1. Langsames Abdampfen

Den Topf von der Herdplatte nehmen bzw. auf der ausgeschalteten Herdplatte stehen lassen, bis sich der Druck von alleine abgebaut hat. Dabei gilt es aber zu beachten, dass der Topf im Inneren weiter seine Temperatur behält und das Gargut dadurch etwas länger kocht. Das sollte man miteinrechnen, um ein zu weich gekochtes Ergebnis zu vermeiden. Diese Methode empfiehlt sich für stärkehaltige bzw. schäumende und quellende Lebensmittel wie z. B. Hülsenfrüchte.

2. Manuell mit dem Druckregler (Schnellabdampfmethode)

Um den Topf sofort abzudampfen, schiebt bzw. dreht man den Druckregler nach und nach in Richtung des Dampfsymbols. Der Druck tritt sofort mit Zischen aus dem Dampfventil aus. Achten Sie dabei unbedingt darauf, nicht in der Bahn des austretenden heißen Dampfes zu stehen, und betätigen Sie den Regler vorsichtig, um sich nicht zu verbrühen.
Diese Methode empfiehlt sich bei Lebensmitteln und Speisen mit Fleisch, Fisch und Gemüse mit kurzen Garzeiten.

3. Deckel mit kaltem Wasser abkühlen (schonende Abdampfmethode)

Um den Schnellkochtopf zügig und schonend abzukühlen, können Sie ihn vorsichtig in die Spüle stellen und kaltes Wasser über den Deckel fließen lassen, bis sich der Druck vollständig abgebaut hat. Das lässt sich an der Druckanzeige erkennen. Wichtig dabei ist, dass kein Wasser in die Ventile gelangt.

Sicherheitshinweis: Vor dem Öffnen des Deckels immer erst überprüfen, ob der Druck vollständig abgebaut ist! Dazu die Druckanzeige beachten und niemals versuchen, den Deckel gewaltsam zu öffnen, wenn er noch verriegelt ist.

Noch ein paar Tipps und Hinweise:

- Bitte lesen Sie in jedem Fall die Bedienungsanleitung Ihres Schnellkochtopfes aufmerksam durch und halten Sie sich an die Vorgaben.

- Die Garzeit beginnt, sobald der Druck in der jeweiligen Druckstufe aufgebaut ist. Stellen Sie also die Druckstufe (1 oder 2) ein und heizen Sie den Topf auf der Herdplatte mit hoher Hitze auf. Sobald der Druck erreicht ist, können Sie die die Hitze etwas nach unten regulieren. Aber achten Sie darauf, dass der Topf den Druck hält und das Druckventil nicht wieder absinkt.

- Je nach Schnellkochtopf und verwendeten Lebensmitteln kann es zu Abweichungen bei der angegebenen Garzeit kommen. Falls das Gericht nach Ablauf der Garzeit noch nicht fertig ist, legen Sie den Deckel einfach noch einmal auf, ohne ihn zu verriegeln, und lassen Sie das Ganze in 1 bis 3 Minuten fertig garen.

- Die Rezepte sind meist auf 4 bis 6 Portionen ausgelegt. Mit dem Schnellkochtopf lassen sich nämlich schnell Gerichte für die ganze Familie zaubern oder man kann damit größere Mengen zeit- und energiesparend vorkochen und die Speisen am nächsten Tag verwenden.

- Durch die Symbole bei den Rezepten können Sie sofort erkennen, welches Gericht vegetarisch, vegan oder glutenfrei ist:

 vegan

 vegetarisch

 glutenfrei

Nun wünsche ich Ihnen gutes Gelingen beim zeit- und energiesparenden Kochen mit Ihrem Schnellkochtopf und den folgenden leckeren Rezepten.

Suppen

Kartoffelsuppe

FÜR 4–6 PORTIONEN

ZUTATEN:

1 kg mehligkochende Kartoffeln
2 Karotten
1 Zwiebel
100 g Lauch (optional)
1 EL Öl, z. B. Rapsöl
1,2–1,5 l Gemüsebrühe
1 ½ EL getrockneter Majoran
Salz, Pfeffer

1. Kartoffeln und Karotten waschen, putzen, schälen und würfeln.
2. Zwiebel abziehen und fein hacken.
3. Lauch putzen, waschen und in Röllchen schneiden.
4. Öl im Schnellkochtopf erhitzen und Zwiebel darin glasig dünsten.
5. Kartoffeln, Karotten und Lauch hinzufügen und 2–3 Minuten unter Rühren mitdünsten.
6. Dann 1,2 l Gemüsebrühe und Majoran zugeben und umrühren.
7. Schnellkochtopf mit dem Deckel verschließen. Auf Stufe 2 stellen und vollen Druck aufbauen lassen. Dann Temperatur auf mittlere Hitze reduzieren und Suppe bei stabilem Druck ca. 8 Minuten garen. Auf der ausgeschalteten Herdplatte langsam abdampfen lassen (siehe 1./S. 12).
8. Deckel abnehmen, wenn der Druck vollständig abgebaut ist. Suppe nach Belieben mit dem Stabmixer fein pürieren oder etwas stückiger belassen und mit Salz und Pfeffer abschmecken. Falls die Suppe zu sämig ist, noch etwas Gemüsebrühe zugießen, erwärmen und mitpürieren.

Tipps:

Sie können auch eine Scheibe geräucherten Schinken mitkochen. Diese vor dem Pürieren herausnehmen und gerne dazu essen oder in Stücke schneiden und nach dem Pürieren unterheben.
Nach dem Kochen können Sie auch 6–8 in Scheiben geschnittene Würstchen (z. B. Wiener Würstchen) hinzufügen.

Blumenkohlsuppe

FÜR 4 PORTIONEN

ZUTATEN:

- 600 g Blumenkohl
- 200 g mehligkochende Kartoffeln
- 1 Zwiebel
- 2 EL Butter, Butterschmalz oder Öl, z. B. Rapsöl
- 700 ml Gemüsebrühe
- Salz, Pfeffer
- 200 ml Sahne
- gemahlene Muskatnuss

1. Blumenkohl waschen, putzen und in grobe Stücke schneiden.
2. Kartoffeln waschen, schälen und würfeln.
3. Zwiebel abziehen und fein hacken.
4. Butter im Schnellkochtopf erhitzen und Zwiebel darin glasig dünsten.
5. Dann Kartoffeln und Blumenkohl hinzufügen und 2–3 Minuten unter Rühren mitdünsten.
6. Brühe zugießen, Suppe mit Salz und Pfeffer würzen und alles gut durchrühren.
7. Schnellkochtopf mit dem Deckel verschließen. Auf Stufe 2 stellen und vollen Druck aufbauen lassen. Dann Temperatur auf mittlere Hitze reduzieren und Suppe bei stabilem Druck ca. 7 Minuten garen. Topf von der Herdplatte nehmen und schnell abdampfen lassen (siehe 2./S. 12).
8. Deckel abnehmen, wenn der Druck vollständig abgebaut ist. Suppe nach Belieben mit dem Stabmixer fein pürieren oder etwas stückiger belassen.
9. Sahne einrühren und kurz aufkochen lassen. Mit Salz, Pfeffer und Muskatnuss abschmecken.

Tipps:

Mit frisch gehackten Kräutern wie z. B. Petersilie bestreuen oder mit Croûtons toppen.
Wer es nicht so cremig mag, kann statt Sahne einfach Gemüsebrühe nehmen.
Das Rezept eignet sich auch für TK-Blumenkohl, dann aber die Garzeit um ca. 2 Minuten verlängern.

Kürbis-Karotten-Suppe

FÜR 4–6 PORTIONEN

ZUTATEN:

- 800 g Kürbis, z. B. Hokkaido
- 2 Karotten
- 1 Zwiebel
- 1 Stück Ingwer (ca. 1–2 cm)
- 1 EL Öl, z. B. Rapsöl
- 600–800 ml Gemüsebrühe
- 1 EL Currypulver
- Salz, Pfeffer
- 400 ml Kokosmilch aus der Dose

1. Kürbis und Karotten waschen, eventuell schälen, putzen und grob würfeln. Zwiebel abziehen und in kleine Würfel schneiden. Ingwer schälen und fein hacken.
2. Öl im Schnellkochtopf erhitzen und Zwiebel und Ingwer darin glasig dünsten.
3. Karotten hinzufügen und 2–3 Minuten unter Rühren mitdünsten.
4. Kürbis, 600 ml Gemüsebrühe und Gewürze zugeben und umrühren.
5. Schnellkochtopf mit dem Deckel verschließen. Auf Stufe 2 stellen und vollen Druck aufbauen lassen. Dann Temperatur auf mittlere Hitze reduzieren und Suppe bei stabilem Druck ca. 8 Minuten garen. Topf von der Herdplatte nehmen und schnell abdampfen lassen (siehe 2./S. 12).
6. Deckel abnehmen, wenn der Druck vollständig abgebaut ist.
7. Kokosmilch einrühren und Suppe nach Belieben mit dem Stabmixer cremig pürieren oder etwas stückiger belassen. Noch einmal mit Salz, Pfeffer und Currypulver abschmecken. Falls die Suppe zu sämig ist, noch etwas Gemüsebrühe nachgießen, erwärmen und mitpürieren.

Tipps:

Auch lecker mit Kartoffeln anstatt Karotten. Dazu einfach 2–3 geschälte, gewürfelte Kartoffeln mitkochen.
Mit frisch gehackten Kräutern wie z. B.Petersilie oder Kürbiskernen bestreuen.

Gulaschsuppe

FÜR 4–6 PORTIONEN

ZUTATEN:

- 500 g Gulasch vom Rind oder gemischt von Schwein und Rind
- 1 große Zwiebel
- 1 rote (Spitz-) Paprikaschote
- 1 gelbe Paprikaschote
- 250 g vorwiegend festkochende oder festkochende Kartoffeln
- 1 EL Öl, z. B. Rapsöl, oder Butterschmalz
- 2 EL Tomatenmark
- 250 g passierte Tomaten aus der Dose
- 500 ml Gemüse- oder Fleischbrühe
- Salz, Pfeffer
- 1 EL edelsüßes Paprikapulver

1. Gulasch mit Wasser abbrausen, abtropfen lassen und mit Küchenpapier trocken tupfen.
2. Zwiebel abziehen und in kleine Würfel schneiden.
3. Paprikaschoten waschen, putzen und in Stücke schneiden.
4. Kartoffeln waschen, schälen und in mittelgroße Würfel schneiden.
5. Öl im Schnellkochtopf erhitzen und das Fleisch darin unter Rühren gleichmäßig scharf anbraten.
6. Zwiebelwürfel hinzufügen und mitrösten, bis sie glasig sind.
7. Tomatenmark und Kartoffelwürfel zugeben und kurz mitdünsten.
8. Dann die restlichen Zutaten hinzufügen und gut umrühren.
9. Schnellkochtopf mit Deckel verschließen. Auf Stufe 2 stellen und vollen Druck aufbauen lassen. Temperatur auf mittlere Hitze reduzieren und Suppe bei stabilem Druck ca. 20 Minuten garen. Auf der ausgeschalteten Herdplatte langsam abdampfen lassen (siehe 1./S. 12).
10. Deckel abnehmen, wenn der Druck vollständig abgebaut ist. Suppe noch mal gut umrühren und nach Belieben mit Salz, Pfeffer und Paprikapulver abschmecken.

Tipps:

Mit frisch gehackten Kräutern wie z. B. Petersilie bestreuen oder mit einem Klecks saure Sahne garnieren.
Anstatt Paprikaschoten können Sie 1–2 Karotten in Scheiben oder Würfel oder auch Champignons aus dem Glas (ca. 170 g Abtropfgewicht) mitkochen.
Wer es schärfer mag, kann 1 TL rosenscharfes Paprikapulver vor dem Kochen einrühren.

Vegetarisch

Erbsen-Gemüse-Topf

FÜR 4–6 PORTIONEN

ZUTATEN:

- 4 vorwiegend festkochende oder festkochende Kartoffeln
- 4 Karotten
- 1 kleine Zwiebel
- 1 EL Öl, z. B. Rapsöl
- 1,2 l Gemüsebrühe
- 250 g grüne Schälerbsen (getrocknet)
- Salz, Pfeffer
- 1 EL Essig, z. B. Tafelessig oder weißer Balsamico (optional)

1. Kartoffeln und Karotten waschen, schälen, putzen und würfeln.
2. Zwiebel abziehen und fein hacken.
3. Öl im Schnellkochtopf erhitzen und die Zwiebel darin glasig dünsten.
4. Kartoffeln und Karotten hinzufügen und 2–3 Minuten mitdünsten.
5. Dann die restlichen Zutaten bis auf den Essig einrühren.
6. Schnellkochtopf mit Deckel verschließen. Auf Stufe 2 stellen und vollen Druck aufbauen lassen. Danach auf mittlere Hitze reduzieren und Gemüse bei stabilem Druck ca. 12 Minuten garen. Auf der ausgeschalteten Herdplatte langsam abdampfen lassen (siehe 1./S. 12).
7. Deckel abnehmen, wenn der Druck vollständig abgebaut ist. Alles gut durchrühren und mit Salz, Pfeffer und Essig abschmecken.

Tipps:

Veggie-Variante: Butterschmalz statt Öl verwenden.
Variante mit Fleisch und Wurst: mit den Zwiebeln ca. 50 g Speckwürfel anbraten und mitkochen und Wurst (z. B. Wiener Würstchen) in Scheiben schneiden und nach dem Kochen unterheben.
Schmeckt als Hauptspeise oder als kleinere Portion als Beilage etwa zu Braten.

Linsen-Karotten-Curry

FÜR 4–6 PORTIONEN

ZUTATEN:

- 250 g getrocknete Linsen, z. B. Tellerlinsen/braune Linsen
- 2 Karotten
- 1 Zwiebel
- 1 Knoblauchzehe
- 2 EL Öl, z. B. Rapsöl, oder Butterschmalz
- 750 ml Gemüsebrühe
- Salz, Pfeffer
- 2 EL Currypulver
- 1 EL Honig oder Süßungsmittel (optional)
- 1–2 TL Zitronensaft

1. Linsen in ein Sieb geben, mit Wasser durchspülen und abtropfen lassen.
2. Karotten putzen, schälen und in mittelgroße Würfel schneiden.
3. Zwiebel und Knoblauch abziehen und fein hacken.
4. Öl im Schnellkochtopf erhitzen und die Zwiebel darin glasig dünsten.
5. Knoblauch, Karotten und Linsen hinzufügen und 2–3 Minuten unter Rühren garen.
6. Mit Gemüsebrühe ablöschen und mit Salz, Pfeffer und Currypulver würzen.
7. Schnellkochtopf mit dem Deckel verschließen. Auf Stufe 2 stellen und vollen Druck aufbauen lassen. Dann die Temperatur auf mittlere Hitze reduzieren und Gemüse bei stabilem Druck ca. 10 Minuten garen. Auf der ausgeschalteten Herdplatte langsam abdampfen lassen (siehe 1./S. 12).
8. Deckel abnehmen, wenn der Druck vollständig abgebaut ist. Curry noch mal gut umrühren und nach Belieben mit Honig, Zitronensaft, Salz und Pfeffer abschmecken.

Tipps:

Mit frisch gehackten Kräutern wie z. B. Petersilie bestreuen.
Schmeckt als Hauptspeise oder als kleinere Portion als Beilage etwa zu Fleischgerichten.

Pilzrisotto

FÜR 4–6 PORTIONEN

ZUTATEN:

1 kleine Zwiebel
350 g Champignons
2 EL Butter oder Butterschmalz
400 g Reis, z. B. Risottoreis
1 l Gemüsebrühe
Salz, Pfeffer
4–6 EL geriebener Parmesan

1. Zwiebel abziehen und fein hacken.
2. Champignons putzen und in dünne Scheiben schneiden.
3. 1 EL Butter im Schnellkochtopf erhitzen und die Zwiebel darin glasig dünsten.
4. Champignons hinzugeben und 3–5 Minuten scharf anbraten und bräunen.
5. Reis zufügen und kurz mitdünsten. Dann mit Brühe aufgießen und mit Salz und Pfeffer würzen.
6. Schnellkochtopf mit dem Deckel verschließen. Auf Stufe 2 stellen und vollen Druck aufbauen lassen. Dann Temperatur auf mittlere Hitze reduzieren und Risotto bei stabilem Druck ca. 5 Minuten garen. Topf von der Herdplatte nehmen und schnell abdampfen lassen (siehe 2. oder 3./S. 12).
7. Deckel abnehmen, wenn der Druck vollständig abgebaut ist. Restliche Butter und Parmesan unterrühren und Risotto mit Salz und Pfeffer abschmecken.

Tipps:

**Mit frisch gehackten Kräutern wie z. B. Petersilie oder Schnittlauchröllchen bestreuen.
Auch lecker: Nach dem Kochen ein paar Löffel gekochte Erbsen (aus der Dose) unterheben.
Schmeckt als Hauptspeise oder als kleinere Portion Champignonreis als Beilage etwa zu Currys. Dazu den Risottoreis einfach durch Langkornreis ersetzen und den Parmesan weglassen. Die Garzeit beträgt ebenso 5 Minuten. Eventuell auch hier noch ein paar gekochte Erbsen aus der Dose nach dem Kochen unterrühren.**

Bunter Kohltopf

FÜR 4–6 PORTIONEN

ZUTATEN:

- 1 kleiner Weißkohl
- 5 vorwiegend festkochende oder festkochende Kartoffeln
- 4 Karotten
- 1 kleine rote Paprikaschote
- 1 Zwiebel
- 1 EL Öl, z. B. Rapsöl
- 2 EL Tomatenmark
- 500 ml Gemüsebrühe
- Salz, Pfeffer

1. Weißkohl putzen, waschen und in 3 x 3 cm große Stücke schneiden.
2. Kartoffeln und Karotten waschen, putzen, schälen und würfeln.
3. Paprikaschote waschen, putzen und in kleine Stücke schneiden.
4. Zwiebel abziehen und fein hacken.
5. Öl im Schnellkochtopf erhitzen und Zwiebel darin glasig dünsten.
6. Kartoffeln, Karotten und Tomatenmark zufügen und 2–3 Minuten dünsten.
7. Die restlichen Zutaten zugeben, dabei kommt der Weißkohl als letzte Schicht hinein.
8. Schnellkochtopf mit Deckel verschließen. Auf Stufe 2 stellen und vollen Druck aufbauen lassen. Dann Temperatur auf mittlere Hitze reduzieren und Gemüse bei stabilem Druck ca. 8 Minuten garen. Auf der ausgeschalteten Herdplatte langsam abdampfen lassen (siehe 1./S. 12).
9. Deckel abnehmen, wenn der Druck vollständig abgebaut ist. Gemüse durchrühren und mit Salz und Pfeffer abschmecken.

Tipps:

Mit frisch gehackten Kräutern wie z. B. Petersilie bestreuen und mit Brot oder Brötchen servieren.
Schmeckt als Hauptspeise oder als kleinere Portion buntes Kohlgemüse als Beilage etwa zu Fleischgerichten. Hier am besten die Menge der Gemüsebrühe auf 300 ml reduzieren oder den Garsaft vor dem Servieren etwas abgießen.

Süßkartoffel-Kichererbsen-Curry

FÜR 4 PORTIONEN

ZUTATEN:

- 500 g Süßkartoffeln
- 1 kleine Zwiebel
- 1–2 Knoblauchzehen (optional)
- ½ Bund Petersilie oder Koriander
- 1 EL Öl, z. B. Kokosöl oder Rapsöl
- 1 TL Kurkumapulver
- 1 TL Currypulver
- 1 TL rote Currypaste (optional)
- 1 TL gemahlener Kreuzkümmel
- 400 ml Kokosmilch
- 200 g passierte Tomaten aus der Dose
- 240 g Kichererbsen aus der Dose
- Salz, Pfeffer
- edelsüßes und rosenscharfes Paprikapulver
- 1 EL Limettensaft

1. Süßkartoffeln waschen, schälen und grob würfeln.
2. Zwiebel und Knoblauch abziehen und fein hacken.
3. Petersilie waschen, trocken schütteln und hacken oder kleiner zupfen.
4. Öl im Schnellkochtopf erhitzen und die Zwiebel darin glasig dünsten.
5. Knoblauch hinzufügen und kurz mitdünsten.
6. Die restlichen Zutaten bis auf das Paprikapulver und den Limettensaft zugeben und alles gut durchrühren.
7. Schnellkochtopf mit Deckel verschließen. Auf Stufe 2 stellen und vollen Druck aufbauen lassen. Dann Temperatur auf mittlere Hitze reduzieren und Curry bei stabilem Druck ca. 7 Minuten garen. Auf der ausgeschalteten Herdplatte langsam abdampfen lassen (siehe 1./S. 12).
8. Deckel abnehmen, wenn der Druck vollständig abgebaut ist. Curry durchrühren und mit Salz, Pfeffer, Paprikapulver und Limettensaft abschmecken.

Tipps:

Mit frisch gehackten Kräutern wie Petersilie oder Koriander bestreuen.
Für etwas mehr Schärfe 1 kleine rote Chilischote in feine Ringe oder Würfel schneiden und zum Curry geben.
Dazu schmecken Reis, Brot oder Brötchen und Salat.

Ratatouille

FÜR 4–6 PORTIONEN

ZUTATEN:

- 1 Zwiebel
- 1 rote Paprikaschote
- 1 gelbe Paprikaschote
- 300 g Zucchini
- 250 g Aubergine
- 2 Knoblauchzehen
- 2 EL Öl, z. B. Olivenöl
- 3 EL Tomatenmark
- 200 ml Gemüsebrühe
- 400 g gehackte Tomaten aus der Dose
- 2 TL getrocknete Kräuter der Provence
- Salz, Pfeffer

1. Zwiebel abziehen und in kleine Würfel schneiden.
2. Paprikaschoten waschen, putzen und klein schneiden.
3. Zucchini und Aubergine waschen, putzen und würfeln.
4. Knoblauch abziehen und fein hacken.
5. Öl im Schnellkochtopf erhitzen und Zwiebel darin glasig dünsten.
6. Tomatenmark und Knoblauch hinzufügen und kurz rösten.
7. Dann die Gemüsewürfel zugeben und unter Rühren 2–3 Minuten braten.
8. Die restlichen Zutaten einrühren.
9. Schnellkochtopf mit Deckel verschließen. Auf Stufe 1 stellen und vollen Druck aufbauen lassen. Dann Temperatur auf mittlere Hitze reduzieren und Gemüse bei stabilem Druck ca. 3 Minuten garen. Topf von der Herdplatte nehmen und schnell abdampfen lassen (siehe 2. oder 3./S. 12).
10. Deckel abnehmen, wenn der Druck vollständig abgebaut ist. Ratatouille noch mal gut umrühren und nach Belieben mit Salz und Pfeffer abschmecken.

Tipps:

Anstatt der getrockneten Kräuter der Provence kann man auch 2 EL frisch gehackte Kräuter wie z. B. Petersilie, Oregano und Thymian verwenden. Vor dem Servieren noch mit frisch gehackten Kräutern wie Basilikum oder Petersilie bestreuen. Dazu schmecken Reis, Brot oder Brötchen und Salat. Auch geeignet als Beilage zu Hähnchengerichten.

Linsen-Grünkohl-Eintopf

FÜR 4–6 PORTIONEN

ZUTATEN:

250 g getrocknete Tellerlinsen/braune Linsen
200 g Grünkohl, frisch oder TK
1 Zwiebel
600 g vorwiegend festkochende oder festkochende Kartoffeln
2 Karotten
½ rote (Spitz-) Paprikaschote
1 EL Öl, z. B. Rapsöl
1 l Gemüsebrühe
Salz, Pfeffer
1–2 EL Limettensaft oder Essig, z. B. Tafelessig oder weißer Balsamico (optional)

1. Linsen in ein Sieb geben, mit Wasser durchspülen und abtropfen lassen.
2. Frischen Grünkohl waschen, verlesen und in kleine Stücke schneiden oder rupfen.
3. Zwiebel abziehen und fein würfeln.
4. Kartoffeln und Karotten waschen, putzen, schälen und würfeln.
5. Paprikaschote waschen, putzen und klein schneiden.
6. Öl im Schnellkochtopf erhitzen und die Zwiebel darin glasig dünsten.
7. Linsen, Paprika, Kartoffel- und Karottenwürfel hinzufügen und 2–3 Minuten unter Rühren braten.
8. Die restlichen Zutaten bis auf den Limettensaft hinzufügen und gut umrühren.
9. Schnellkochtopf mit dem Deckel verschließen. Auf Stufe 2 stellen und vollen Druck aufbauen lassen. Dann Temperatur auf mittlere Hitze reduzieren und Gemüse bei stabilem Druck ca. 10 Minuten garen. Auf der ausgeschalteten Herdplatte langsam abdampfen lassen (siehe 1./S. 12).
10. Deckel abnehmen, wenn der Druck vollständig abgebaut ist. Eintopf noch mal gut umrühren und nach Belieben mit Limettensaft und Salz und Pfeffer abschmecken.

Tipps:

Variante mit Fleisch und Wurst: 50 g geräucherte Speckwürfel oder 4 Würstchen (z. B. Mettenden) mitkochen.
Anstatt Rapsöl kann man auch Butterschmalz verwenden, dann ist das Gericht allerdings nicht mehr vegan.

Kichererbsen-Auberginen-Eintopf

FÜR 4–6 PORTIONEN

ZUTATEN:

- 1 Zwiebel
- 2 Auberginen
- 2–3 Knoblauchzehen
- 2 EL Öl, z. B. Rapsöl
- 2 EL Tomatenmark
- 400 g Kichererbsen aus der Dose
- 800 g gehackte Tomaten aus der Dose
- 100 ml Gemüsebrühe
- Salz, Pfeffer

1. Zwiebel abziehen und in kleine Würfel schneiden.
2. Auberginen waschen, putzen und in kleine Stücke schneiden.
3. Knoblauch abziehen und fein hacken.
4. Öl im Schnellkochtopf erhitzen und Zwiebel darin glasig dünsten.
5. Tomatenmark und Knoblauch hinzufügen und kurz mitrösten.
6. Auberginenwürfel zugeben und unter Rühren 2–3 Minuten braten.
7. Die restlichen Zutaten hinzufügen und gut umrühren.
8. Schnellkochtopf mit Deckel verschließen. Auf Stufe 1 stellen und vollen Druck aufbauen lassen. Dann Temperatur auf mittlere Hitze reduzieren und Eintopf bei stabilem Druck ca. 7 Minuten garen. Auf der ausgeschalteten Herdplatte langsam abdampfen lassen (siehe 1./S. 12).
9. Deckel abnehmen, wenn der Druck vollständig abgebaut ist. Alles gut durchrühren und mit Salz und Pfeffer abschmecken.

Tipps:

Mit frisch gehackten Kräutern wie z. B. Basilikum oder Petersilie garnieren. Sie können auch trockene Kichererbsen im Schnellkochtopf zubereiten, und das ohne sie vorher über längere Zeit einweichen zu müssen. Dazu z. B. 250 g trockene Kichererbsen in den Schnellkochtopf geben und den Topf bis zur Hälfte mit Wassser füllen, Deckel verschließen und auf Stufe 2 ca. 50 Minuten garen. Die Garzeit im Schnellkochtopf verkürzt sich auf etwa 20–25 Minuten, wenn man die Kichererbsen mindestens 12 Stunden in einer Schüssel mit Wasser einweicht.

Kartoffelpüree

FÜR 4–6 PORTIONEN

ZUTATEN:

- 1 kg mehligkochende Kartoffeln
- 300 ml Wasser
- 150–200 ml Milch
- 100 g Butter
- Salz
- geriebene Muskatnuss

1. Kartoffeln waschen, schälen und vierteln.
2. Wasser in den Schnellkochtopf geben, Steg/Dreibein und Dämpfeinsatz einsetzen und die Kartoffeln in den Einsatz legen.
3. Schnellkochtopf mit Deckel verschließen. Auf Stufe 2 stellen und vollen Druck aufbauen lassen. Dann Temperatur auf mittlere Hitze reduzieren und Kartoffeln bei stabilem Druck ca. 9 Minuten garen. Auf der ausgeschalteten Herdplatte langsam abdampfen lassen (siehe 1./S. 12).
4. Die Kartoffeln aus dem Dämpfeinsatz in eine Schüssel füllen.
5. Milch in einem kleinen Topf oder in einer Tasse in der Mikrowelle erwärmen.
6. Währenddessen Kartoffeln mit dem Kartoffelstampfer zerdrücken und stückchenweise die Butter zufügen. Zunächst 150 ml Milch hinzugießen und alles gut verrühren. Nach Belieben noch etwas mehr Milch nachgießen. Mit Salz und Muskatnuss abschmecken.

Tipps:

1 Zwiebel in Ringe schneiden und mit 1 EL Butter in einer Pfanne anrösten und über das Püree geben.
Nach Belieben kann man auch frisch gehackte Kräuter wie Petersilie unterheben.
Auch eine leckere Variante, die Kinder gerne essen: Kartoffelpüree mit Apfelmus.

Djuvec-Reis

FÜR 4–6 PORTIONEN

ZUTATEN:

- 1 Zwiebel
- 1 Knoblauchzehe
- ½ rote Paprikaschote
- 1 EL Öl, z. B. Rapsöl
- 1 EL Tomatenmark
- 1 EL Ajvar (optional)
- 300 g Reis, z. B. Langkornreis
- 400 g gehackte Tomaten aus der Dose
- 300 ml Gemüsebrühe
- Salz, Pfeffer
- edelsüßes und rosenscharfes Paprikapulver

1. Zwiebel und Knoblauch abziehen und fein hacken.
2. Paprikaschote waschen, putzen und ebenfalls fein hacken.
3. Öl im Schnellkochtopf erhitzen und Zwiebel darin glasig dünsten.
4. Paprika, Knoblauch und Tomatenmark zufügen und 2–3 Minuten braten.
5. Die restlichen Zutaten zugeben und alles gut durchrühren.
6. Schnellkochtopf mit Deckel verschließen. Auf Stufe 2 stellen und vollen Druck aufbauen lassen. Dann Temperatur auf mittlere Hitze reduzieren und Reis und Gemüse bei stabilem Druck ca. 5 Minuten garen. Topf von der Herdplatte nehmen und schnell abdampfen lassen (siehe 2. oder 3./S. 12).
7. Deckel abnehmen, wenn der Druck vollständig abgebaut ist. Reis mit Salz, Pfeffer und Paprikapulver abschmecken.

Tipps:

Mit frisch gehackten Kräutern wie z. B. Petersilie bestreuen.
Variante mit Fleisch oder Hähnchen: 250 g klein geschnittenes Fleisch oder Hähnchen erst mit anbraten, dann mitkochen.
Schmeckt als Hauptspeise etwa mit Salat oder auch als kleinere Portion als Beilage zu Gerichten mit Fleisch und Geflügel.

Apfel-Rotkohl

FÜR 4 PORTIONEN

ZUTATEN:

- 1 kleiner Rotkohl
- 1 kleine Zwiebel
- 2 Äpfel, z. B. Granny Smith
- 2 EL Öl, z. B. Rapsöl, oder Butterschmalz
- 200 ml Apfelsaft
- 1 Lorbeerblatt
- 1 EL Zucker
- Salz
- 3 EL Essig, z. B. Apfelessig

1. Rotkohl putzen, waschen, in feine Streifen schneiden oder hobeln.
2. Zwiebel abziehen und fein hacken.
3. Äpfel waschen, schälen, Kerngehäuse entfernen und Fruchtfleisch in Scheiben schneiden.
4. Butterschmalz im Schnellkochtopf erhitzen und Zwiebel darin glasig dünsten.
5. Apfelsaft, Lorbeerblatt, Zucker und Salz hinzufügen und verrühren.
6. Nun lagenweise Rotkohl und Apfelscheiben einschichten.
7. Schnellkochtopf mit Deckel verschließen. Auf Stufe 2 stellen und vollen Druck aufbauen lassen. Dann Temperatur auf mittlere Hitze reduzieren und Rotkohl bei stabilem Druck ca. 6 Minuten garen. Auf der ausgeschalteten Herdplatte langsam abdampfen lassen (siehe 1./S. 12).
8. Deckel abnehmen, wenn der Druck vollständig abgebaut ist. Alles gut durchrühren und mit Salz und Essig abschmecken.

Tipp:

Schmeckt gut zu Rinder- oder Schweinebraten oder Rouladen.

Semmelknödel

FÜR 5–6 STÜCK

ZUTATEN:

- 6 altbackene, trockene Brötchen
- Salz
- 250 ml Milch
- ½ Bund Petersilie
- 1 kleine Zwiebel
- 1 EL Butter oder Butterschmalz plus etwas Butter fürs Einfetten des Dämpfeinsatzes
- 3 Eier
- 1–2 EL Semmelbrösel (optional)
- 300 ml Wasser

1. Brötchen klein würfeln, in eine Schüssel geben und salzen. Milch in einem Topf lauwarm erwärmen und über das Brot gießen. Gut durchrühren und Schüssel mit einem Küchentuch abdecken. 20–30 Minuten ziehen lassen.
2. Währenddessen Petersilie waschen, trocken schütteln und fein hacken. Zwiebel abziehen und fein hacken. Butter in den Schnellkochtopf geben und Zwiebel darin glasig dünsten.
3. Petersilie hinzufügen und 1–2 Minuten unter Rühren mitdünsten. Dann etwas abkühlen lassen und zu den Brötchenwürfeln geben.
4. Eier in die Schüssel der eingeweichten Brötchen aufschlagen. Schüsselinhalt gut verkneten und mit angefeuchteten Händen 5–6 gleich große Knödel formen. Die Masse sollte nicht zu klebrig sein, ansonsten noch Semmelbrösel untermischen.
5. Den Dämpfeinsatz mit Butter bestreichen und die Knödel hineinlegen.
6. Steg/Dreibein in den Schnellkochtopf setzen, Wasser und Salz einfüllen und verrühren. Als Nächstes den Dämpfeinsatz mit den Knödeln auf das Gestell geben.
7. Schnellkochtopf mit Deckel verschließen. Auf Stufe 1 stellen und vollen Druck aufbauen lassen. Dann Temperatur auf mittlere Hitze reduzieren und Knödel bei stabilem Druck ca. 5 Minuten garen. Topf von der Herdplatte nehmen und schnell abdampfen lassen (siehe 2./S. 12).
8. Deckel abnehmen, wenn der Druck vollständig abgebaut ist. Knödel aus dem Gareinsatz entnehmen und servieren.

Tipps:

Sollten die Knödel noch nicht ganz durch sein (abhängig vom Durchmesser der Knödel), einfach den Deckel aufsetzen (ohne Einrasten) und Knödel bei mittlerer Hitze in 2–3 Minuten fertig garen.
Schmecken gut zu Rinderbraten, Schweinebraten, Paprikahähnchen, Putengeschnetzeltem und vielem mehr. Eine tolle Beilage, die man gut vorbereiten kann und die dann in ein paar Minuten fertig ist.

Fleisch

Sauerkraut-Kartoffel-Eintopf

FÜR 4 PORTIONEN

ZUTATEN:

- 810 g mildes Weinsauerkraut aus der Dose
- 400 g vorwiegend festkochende oder festkochende Kartoffeln
- 1 Karotte
- 200 g Kasseler
- 1 EL Butterschmalz oder Schweineschmalz oder Öl, z. B. Rapsöl
- 1 l Fleisch- oder Gemüsebrühe
- 1 getrocknetes Lorbeerblatt
- Salz, Pfeffer
- 1 EL Essig, z. B. Tafelessig oder weißer Balsamico

1. Sauerkraut in einem Sieb abtropfen lassen.
2. Kartoffeln und Karotte waschen, putzen, schälen und würfeln.
3. Kasseler in kleine Würfel schneiden.
4. Butterschmalz im Schnellkochtopf erhitzen und Kasseler, Karotte und Kartoffeln darin 3–4 Minuten unter Rühren braten.
5. Die restlichen Zutaten bis auf den Essig hinzufügen und umrühren.
6. Schnellkochtopf mit dem Deckel verschließen. Auf Stufe 2 stellen und vollen Druck aufbauen lassen. Dann Temperatur auf mittlere Hitze reduzieren und Eintopf bei stabilem Druck ca. 10 Minuten garen. Auf der ausgeschalteten Herdplatte langsam abdampfen lassen (siehe 1./S.12).
7. Deckel abnehmen, wenn der Druck vollständig abgebaut ist. Eintopf noch mal gut umrühren und nach Belieben mit Essig, Salz und Pfeffer abschmecken.

Tipps:

Nach Belieben die Kasseler-Menge auf 300–400 g erhöhen und noch ½ EL Kümmelsamen oder 1 TL gemahlenen Kümmel vor dem Kochen hinzufügen. Das Kasseler kann man auch weglassen und das Sauerkraut-Kartoffel-Gemüse als Beilage zu Braten oder Rouladen essen.

Pichlsteiner Eintopf

FÜR 4–6 PORTIONEN

ZUTATEN:

600 g Fleisch, z. B. Gulasch vom Rind oder Schwein oder Kalb oder gemischt
1 Zwiebel
400 g vorwiegend festkochende oder festkochende Kartoffeln
2 Karotten
200 g Knollensellerie
250 g Weißkohl
1 kleiner Bund Petersilie
1 EL Öl, z. B. Rapsöl, oder Butterschmalz oder Schweineschmalz
1–1,2 l Fleisch- oder Gemüsebrühe
Salz, Pfeffer

1. Gulasch mit Wasser abbrausen, abtropfen lassen und mit Küchenpapier trocken tupfen.
2. Zwiebel abziehen und in kleine Würfel schneiden.
3. Kartoffeln, Karotten und Sellerie waschen, putzen, schälen und in mittelgroße Würfel oder Scheiben schneiden.
4. Weißkohl putzen, waschen und in 2 x 2 cm große Stücke schneiden.
5. Petersilie waschen, trocken schütteln und klein zupfen oder hacken.
6. Öl im Schnellkochtopf erhitzen und das Fleisch darin unter Rühren gleichmäßig scharf anbraten.
7. Zwiebelwürfel hinzufügen und mitrösten, bis sie glasig sind.
8. Nun Gemüse lagenweise einschichten: Auf das Fleisch kommen erst die Karotten, darauf die Kartoffeln, dann Knollensellerie und Weißkohl. Mit Petersilie bestreuen und 1 l Brühe angießen.
9. Schnellkochtopf mit Deckel verschließen. Auf Stufe 2 stellen und vollen Druck aufbauen lassen. Dann Temperatur auf mittlere Hitze reduzieren und Eintopf bei stabilem Druck ca. 10 Minuten garen. Auf der ausgeschalteten Herdplatte langsam abdampfen lassen (siehe 1./S. 12).
10. Deckel abnehmen, wenn der Druck vollständig abgebaut ist. Eintopf durchrühren und nach Belieben mit Salz und Pfeffer abschmecken. Eventuell noch etwas Gemüsebrühe nachgießen.

Tipps:

Anstatt Weißkohl schmeckt auch Wirsing.
Sellerie können Sie nach Belieben durch Lauch ersetzen.

Rahmgulasch

FÜR 4–6 PORTIONEN

ZUTATEN:

- 750 g Gulasch, z. B. vom Rind
- 2 große Zwiebeln
- 1 EL Butterschmalz oder Öl, z. B. Rapsöl
- 3 EL Tomatenmark
- 650–800 ml Fleischbrühe
- 2 EL edelsüßes Paprikapulver
- Salz, Pfeffer
- 150 g Crème fraîche
- 1–2 EL Speisestärke (optional)

1. Gulasch mit Wasser abbrausen, abtropfen lassen und mit Küchenpapier trocken tupfen.
2. Zwiebeln abziehen und in kleine Würfel schneiden.
3. Butterschmalz im Schnellkochtopf erhitzen und das Fleisch darin unter Rühren gleichmäßig scharf anbraten.
4. Zwiebelwürfel hinzufügen und mitrösten, bis sie glasig sind. Tomatenmark einrühren und kurz mitdünsten. 650 ml Brühe und Gewürze zugeben und gut umrühren.
5. Schnellkochtopf mit Deckel verschließen. Auf Stufe 2 stellen und vollen Druck aufbauen lassen. Dann Temperatur auf mittlere Hitze reduzieren und Gulasch bei stabilem Druck ca. 25 Minuten. garen. Auf der ausgeschalteten Herdplatte langsam abdampfen lassen (siehe 1./S. 12).
6. Deckel abnehmen, wenn der Druck vollständig abgebaut ist. Gulasch noch mal gut umrühren, dann Crème fraîche einrühren und Gulasch mit Salz und Pfeffer abschmecken.
7. Wer etwas mehr Soße möchte, kann noch Fleischbrühe nachgießen. Falls das Gulasch sämiger sein soll, Speisestärke in einer Tasse mit etwas Wasser glatt rühren, unter das Gulasch mischen und noch mal kurz aufkochen, bis es zur gewünschten Sämigkeit eindickt.

Tipps:

Für mehr Schärfe, 1–2 TL rosenscharfes Paprikapulver oder etwas Chilipulver hinzufügen.
Dazu schmecken z. B. Semmelknödel (siehe S. 46) oder Kartoffelpüree (siehe S. 42).

Nudeln in Hackfleischsoße

FÜR 4 PORTIONEN

ZUTATEN:

- 1 Zwiebel
- 1 EL Öl, z. B. Rapsöl oder Butterschmalz
- 500 g gemischtes Hackfleisch
- 2 EL Tomatenmark
- 400 g gehackte Tomaten aus der Dose
- 750 ml Fleisch- oder Gemüsebrühe
- 500 g Nudeln, z. B. Rigatoni, Penne rigate oder Fusili (ca. 8–9 Minuten reguläre Kochzeit)
- Salz, Pfeffer
- edelsüßes Paprikapulver

1. Zwiebel abziehen und fein hacken.
2. Öl im Schnellkochtopf erhitzen und das Hackfleisch darin krümelig braten.
3. Zwiebel hinzufügen und glasig braten.
4. Tomatenmark einrühren und kurz mitbraten.
5. Gehackte Tomaten, Brühe, Nudeln und Gewürze zugeben, dabei nicht mehr umrühren.
6. Schnellkochtopf mit Deckel verschließen. Auf Stufe 2 stellen und vollen Druck aufbauen lassen. Dann Temperatur auf mittlere Hitze reduzieren und Nudeln bei stabilem Druck ca. 5 Minuten garen. Topf von der Herdplatte nehmen und schnell abdampfen lassen (siehe 2./S. 12).
7. Deckel abnehmen, wenn der Druck vollständig abgebaut ist. Alles durchrühren und mit Salz, Pfeffer und Paprikapulver abschmecken.

Tipps:

Mit geriebenem Parmesan bestreuen.
Auch lecker: ½–1 rote Paprikaschote in Streifen oder ein paar frische Cocktailtomaten in Stücke schneiden und mitkochen.

Paprika-Reisfleisch

FÜR 4 PORTIONEN

ZUTATEN:

- 2 Zwiebeln
- 1 rote Paprikaschote
- 600 g Schweinefleisch, z. B. Gulasch vom Schwein
- 1 EL Butterschmalz oder Öl, z. B. Rapsöl
- 2 EL Tomatenmark
- 400 g gehackte Tomaten aus der Dose
- 500 ml Fleisch- oder Gemüsebrühe
- Salz, Pfeffer
- 1 TL edelsüßes Paprikapulver
- ½–1 TL rosenscharfes Paprikapulver (optional)
- 250 g Reis, z. B. Langkornreis

1. Zwiebeln abziehen und fein hacken.
2. Paprikaschote waschen, putzen und klein schneiden.
3. Fleisch mit Wasser abbrausen, abtropfen lassen und mit Küchenpapier trocken tupfen.
4. Butterschmalz im Schnellkochtopf erhitzen und Zwiebeln darin glasig dünsten.
5. Fleisch hinzufügen und unter Rühren gleichmäßig scharf anbraten.
6. Tomatenmark und Paprikastücke einrühren und kurz rösten.
7. Gehackte Tomaten, Brühe und Gewürze hinzufügen und gut durchrühren. Reis zugeben.
8. Schnellkochtopf mit Deckel verschließen. Auf Stufe 2 stellen und vollen Druck aufbauen lassen. Dann Temperatur auf mittlere Hitze reduzieren und alles bei stabilem Druck ca. 5 Minuten garen. Topf von der Herdplatte nehmen und schnell abdampfen lassen (siehe 2./S. 12).
9. Deckel abnehmen, wenn der Druck vollständig abgebaut ist. Alles durchrühren und mit Salz, Pfeffer und Paprikapulver abschmecken.

Tipps:

1 EL Ajvar unterrühren und mitkochen.
Anstatt Schweinefleisch eignen sich auch Rindfleisch oder Geflügel.
Vor dem Servieren mit frisch gehackten Kräutern wie z. B. Petersilie bestreuen.

Pasta mit Schinken-Sahne-Soße

FÜR 4 PORTIONEN

ZUTATEN:

- 250 g gekochter Schinken
- 200 ml Sahne
- 400 ml Gemüsebrühe
- 250 g Nudeln, z. B. Bandnudeln (ca. 8–9 Minuten reguläre Kochzeit)
- Salz, Pfeffer
- 4 EL geriebener Parmesan

1. Schinken in feine Streifen oder in Würfel schneiden.
2. Alle Zutaten bis auf den Parmesan in den Schnellkochtopf geben und gründlich verrühren.
3. Schnellkochtopf mit Deckel verschließen. Auf Stufe 2 stellen und vollen Druck aufbauen lassen. Dann Temperatur auf mittlere Hitze reduzieren und Nudeln bei stabilem Druck ca. 5 Minuten garen. Topf von der Herdplatte nehmen und schnell abdampfen lassen (siehe 2./S. 12).
4. Deckel abnehmen, wenn der Druck vollständig abgebaut ist. Alles noch mal gut umrühren und mit Salz und Pfeffer abschmecken.
5. Mit Parmesan bestreuen.

Tipp:

Auch lecker: Nach dem Kochen 140 g Erbsen aus der Dose untermischen. Mit geriebenem Käse wie z. B. Parmesan bestreuen.

Pulled Pork

FÜR 6–10 PORTIONEN

ZUTATEN:

- 1 EL Salz
- 1 TL getrockneter Oregano
- 1 TL gemahlener Kreuzkümmel
- ½ TL Pfeffer
- 1 TL edelsüßes Paprikapulver
- 1 TL geräuchertes Paprikapulver
- 1 ½ kg Schweinefleisch, z. B. Schulter ohne Knochen oder Hals
- 1 Zwiebel
- 2 Knoblauchzehen
- 2 EL Öl, z. B. Rapsöl, oder Schweineschmalz
- 200 ml Orangensaft
- 300 ml Fleischbrühe

1. Salz, Oregano, Kreuzkümmel, Pfeffer und Paprikapulver in einer Schüssel zu einer Trockenmarinade vermengen.
2. Fleisch mit Wasser abbrausen und mit Küchenpapier trocken tupfen. Dann in grobe Stücke schneiden, in eine Schüssel geben und mit der Trockenmarinade verkneten. Mindestens 1 Stunde, am besten über Nacht im Kühlschrank ziehen lassen.
3. Danach Zwiebel und Knoblauchzehen abziehen und klein schneiden.
4. Öl im Schnellkochtopf erhitzen und Fleisch darin von allen Seiten scharf anbraten.
5. Zwiebel hinzufügen und glasig braten.
6. Knoblauch hinzufügen und ebenfalls kurz mitrösten. Orangensaft und Fleischbrühe zugießen
7. Schnellkochtopf mit Deckel verschließen. Auf Stufe 2 stellen und vollen Druck aufbauen lassen. Dann Temperatur auf mittlere Hitze reduzieren und Fleisch bei stabilem Druck ca. 60 Minuten garen. Auf der ausgeschalteten Herdplatte langsam abdampfen lassen.
8. Deckel abnehmen, wenn der Druck vollständig abgebaut ist, und Fleisch aus dem Topf nehmen. Mit 2 Gabeln vorsichtig auseinanderzupfen.
9. Das Pulled Pork eher »trocken« z. B. für Wraps und Burger verwenden oder mit Soße verzehren. Dazu die restliche Flüssigkeit im Topf einköcheln lassen, den Herd ausstellen und das zerrupfte Pulled Pork wieder zurück in die Soße geben.

Tipp:

Pulled Pork schmeckt großartig als Patty-Ersatz im Burger, in Wraps, zu Salat, Pommes usw.

Gefüllte Paprika

FÜR 4 PORTIONEN

ZUTATEN:

4 große rote Paprikaschoten
2 Zwiebeln
1 Knoblauchzehe
½ Bund Petersilie
500 g Hackfleisch
1 Ei
Salz, Pfeffer
edelsüßes Paprikapulver
2 EL Tomatenmark
1 EL Öl, z. B. Rapsöl, oder Butterschmalz
400 g gehackte Tomaten aus der Dose
500 ml Gemüse- oder Fleischbrühe
1–2 EL Speisestärke (optional)

1. Paprikaschoten waschen, die Deckel abschneiden und Schoten entkernen. Zwiebeln und Knoblauchzehe abziehen und fein hacken. Petersilie waschen, trocken schütteln und fein hacken.
2. Hackfleisch mit Ei, Petersilie, Salz, Pfeffer, Paprikapulver, 1 EL Tomatenmark und der Hälfte der Zwiebel in eine Schüssel geben und verkneten.
3. Paprikaschoten mit der Hackfleisch-Mischung füllen. Öl im Schnellkochtopf erhitzen und die restliche Zwiebel darin glasig dünsten.
4. Knoblauch und das restliche Tomatenmark hinzufügen und ca. 1 Minute unter Rühren braten.
5. Gehackte Tomaten und Brühe einfüllen, verrühren und mit Salz, Pfeffer und Paprikapulver würzen. Gefüllte Paprikaschoten in die Soße geben.
6. Schnellkochtopf mit dem Deckel verschließen. Auf Stufe 2 stellen und vollen Druck aufbauen lassen. Dann Temperatur auf mittlere Hitze reduzieren und Paprika bei stabilem Druck ca. 20 Minuten garen. Auf der ausgeschalteten Herdplatte langsam abdampfen lassen.
7. Deckel abnehmen, wenn der Druck vollständig abgebaut ist. Paprikaschoten aus dem Topf heben und auf einen Teller setzen.
8. Die Soße im Topf nach Belieben mit dem Stabmixer pürieren. Falls die Soße sämiger sein soll, Speisestärke in einer Tasse mit etwas Wasser glatt rühren, unter die Soße mischen und diese noch mal kurz aufkochen, bis sie die gewünschte Sämigkeit erreicht hat.
9. Gefüllte Paprikaschoten mit Soße genießen.

Tipps:

Schmeckt einfach so als Hauptgericht gut oder mit Reis und Nudeln als Beilage. Vor dem Servieren mit frisch gehackten Kräutern wie z. B.Petersilie oder Basilikum bestreuen.

Bolognese-Reis

FÜR 4 PORTIONEN

ZUTATEN:

- 1 Zwiebel
- 1 EL Öl, z. B. Rapsöl, oder Butterschmalz
- 500 g gemischtes Hackfleisch
- 100 g Tomatenmark
- 250 g Reis, z. B. Langkornreis
- 750 ml Fleisch- oder Gemüsebrühe
- Salz, Pfeffer

1. Zwiebel abziehen und fein hacken.
2. Öl im Schnellkochtopf erhitzen und Hackfleisch darin krümelig braten.
3. Zwiebel hinzufügen und glasig braten.
4. Tomatenmark einrühren und kurz rösten.
5. Die restlichen Zutaten hinzufügen und gut durchrühren.
6. Schnellkochtopf mit Deckel verschließen. Auf Stufe 2 stellen und vollen Druck aufbauen lassen. Dann Temperatur auf mittlere Hitze reduzieren und alles bei stabilem Druck ca. 5 Minuten garen. Topf von der Herdplatte nehmen und schnell abdampfen lassen (siehe 2./S. 12).
7. Deckel abnehmen, wenn der Druck vollständig abgebaut ist. Alles durchrühren und mit Salz und Pfeffer abschmecken.

Tipps:

Auch lecker: ½–1 rote Paprikaschote in Streifen schneiden und mitkochen.
Nach dem Kochen können Sie 140 g Erbsen aus der Dose unterrühren.
Wer mag, würzt den Bolognese-Reis mit Chilipulver und etwas Tabascosoße schärfer.

Schweinebraten

FÜR 4–6 PORTIONEN

ZUTATEN:

- 1–1,2 kg Schweinefleisch von Bug, Schulter oder Nuss
- Salz, Pfeffer
- 2 EL mittelscharfer Senf
- 1 Zwiebel
- 1 Karotte
- 1 Stück Lauch (optional)
- 1 EL Butterschmalz oder Schweineschmalz oder Öl, z. B. Rapsöl
- 300 ml Fleischbrühe
- 1–2 EL Speisestärke (optional)

1. Fleisch mit Wasser abbrausen und mit Küchenpapier trocken tupfen. Mit Salz und Pfeffer rundherum würzen, dann mit einer dünnen Schicht Senf bestreichen.
2. Zwiebel abziehen und klein schneiden.
3. Karotte putzen, schälen und in kleine Stücke schneiden. Lauch putzen, waschen und in Ringe schneiden.
4. Butterschmalz im Schnellkochtopf erhitzen und das Fleisch darin rundherum scharf anbraten.
5. Fleisch herausnehmen, dafür Zwiebel, Karotte und Lauch in den Topf geben und 2–3 Minuten unter Rühren braten.
6. Fleisch auf das Gemüse setzen und Brühe einfüllen.
7. Schnellkochtopf mit Deckel verschließen. Auf Stufe 2 stellen und vollen Druck aufbauen lassen. Dann Temperatur auf mittlere Hitze reduzieren und Braten bei stabilem Druck ca. 40 Minuten garen. Auf der ausgeschalteten Herdplatte langsam abdampfen lassen.
8. Deckel abnehmen, wenn der Druck vollständig abgebaut ist. Braten in Alufolie wickeln und 5–7 Minuten ruhen lassen.
9. Währenddessen die Soße mit Salz und Pfeffer abschmecken. Falls sie dickflüssiger sein soll, Speisestärke in einer Tasse mit etwas Wasser glatt rühren, unter die Soße mischen und diese noch mal kurz aufkochen, bis sie die gewünschte Konsistenz erreicht hat. Die Soße so belassen oder mit dem Stabmixer pürieren.
10. Den Braten in Scheiben schneiden und im Topf mit der Soße mischen oder die Soße extra dazu reichen.

Tipp:

Dazu schmecken z. B. Semmelknödel, Sauerkraut und Kartoffeln.

Rinderbraten

FÜR 4–6 PORTIONEN

ZUTATEN:

- 1–1,2 kg Rinderbraten
- Salz, Pfeffer
- 2 EL mittelscharfer Senf
- 1 Zwiebel
- 300 g Suppengemüse (Karotten, Lauch, Knollensellerie etc.)
- 1 EL Butterschmalz oder Öl, z. B. Rapsöl
- 500 ml Fleisch- oder Gemüsebrühe
- 500 ml trockener Rotwein
- 1–2 EL Speisestärke (optional)

1. Fleisch mit Wasser abbrausen und mit Küchenpapier trocken tupfen. Mit Salz und Pfeffer rundherum würzen, dann mit einer dünnen Schicht Senf bestreichen.
2. Zwiebel abziehen und klein schneiden.
3. Suppengemüse waschen, putzen und in kleine Stücke schneiden.
4. Butterschmalz im Schnellkochtopf erhitzen und das Fleisch darin rundherum scharf anbraten.
5. Fleisch herausnehmen, dafür Gemüse einfüllen und 2–3 Minuten unter Rühren braten.
6. Fleisch auf das Gemüse setzen und Brühe und Wein einfüllen
7. Schnellkochtopf mit Deckel verschließen. Bei starker Hitze vollen Druck aufbauen lassen. Dann Temperatur auf mittlere Hitze reduzieren und Braten ca. 35 Minuten garen. Auf der ausgeschalteten Herdplatte langsam abdampfen lassen.
8. Deckel abnehmen, wenn der Druck vollständig abgebaut ist. Braten in Alufolie wickeln und 5–7 Minuten ruhen lassen.
9. Soße mit dem Stabmixer pürieren, dabei bei Bedarf noch etwas Brühe zufügen. Soll die Soße sämiger sein, Speisestärke in einer Tasse mit etwas Wasser glatt rühren, unter die Soße mischen und diese kurz aufkochen, bis sie die gewünschte Konsistenz erreicht hat. Mit Salz und Pfeffer abschmecken.
10. Rinderbraten in Scheiben schneiden und mit der Soße servieren.

Tipp:

Dazu schmecken Knödel, Rotkohl oder Kartoffeln.

Kohlrouladen

FÜR 3–4 PORTIONEN

ZUTATEN:

- Salz
- 1 kleiner Kopf Weißkohl (400–500 g)
- 1 Zwiebel
- 1 Knoblauchzehe
- 300 g Hackfleisch, z. B. vom Rind
- 1 Ei
- 1 TL mittelscharfer Senf
- 1 TL Tomatenmark
- Pfeffer
- 1–2 EL Semmelbrösel (optional)
- 2 EL Butterschmalz oder Schweineschmalz oder Öl, z. B. Rapsöl
- 300 g passierte Tomaten aus der Dose
- 200 ml Gemüsebrühe

1. Den Schnellkochtopf zu ⅔ mit Wasser füllen, 1 TL Salz darin auflösen und Wasser zum Kochen bringen.
2. Vom Weißkohl den unteren Strunk herausschneiden, den ganzen Kopf mit dem Strunk nach unten in den Topf setzen und ca. 10 Minuten darin lassen.
3. Weißkohl-Kopf aus dem Salzwasser nehmen und kurz abkühlen lassen. Salzwasser aus dem Schnellkochtopf ausgießen.
4. 6 große Kohlblätter abnehmen und die breiten Mittelrippen flach schneiden.
5. Zwiebel und Knoblauch abziehen und fein hacken. Zusammen mit Hackfleisch, Ei, Senf, Tomatenmark, Salz und Pfeffer in eine Schüssel geben und vermischen. Falls die Masse noch zu klebrig ist, Semmelbrösel hinzufügen.
6. Die Weißkohlblätter jeweils mit etwas Hackmasse füllen. Die Ränder einschlagen und die Blätter fest aufrollen. Mit Rouladenklammern fixieren.
7. Butterschmalz im Schnellkochtopf erhitzen und die Rouladen darin rundherum kurz anbraten. Passierte Tomaten und Gemüsebrühe hinzufügen.
8. Schnellkochtopf mit Deckel verschließen. Auf Stufe 2 stellen und vollen Druck aufbauen lassen. Dann Temperatur auf mittlere Hitze reduzieren und Rouladen bei stabilem Druck ca. 12 Minuten garen. Topf von der Herdplatte nehmen und schnell abdampfen lassen (siehe 2./S. 12).
9. Deckel abnehmen, wenn der Druck vollständig abgebaut ist. Kohlrouladen herausnehmen und Soße mit Salz und Pfeffer abschmecken.
10. Kohlrouladen mit Soße servieren.

Tipp:

Frisch gehackte Kräuter wie z. B. Petersilie vor dem Servieren auf die Rouladen streuen oder vor dem Verzehr unter die Soße mischen. Den restlichen Kohl kann man z. B. in feine Streifen schneiden und zu Krautsalat verarbeiten.

Chili con Carne

FÜR 4–6 PORTIONEN

ZUTATEN:

- 450 g Kidneybohnen aus der Dose
- 140 g Mais aus der Dose
- 1 Zwiebel
- 1–2 Knoblauchzehen
- 1 rote Paprikaschote
- 1 EL Öl, z. B. Rapsöl
- 600 g Hackfleisch, z. B. vom Rind
- 800 g gehackte Tomaten aus der Dose
- 200 ml Gemüse- oder Fleischbrühe
- 1 TL getrockneter Oregano
- Salz, Pfeffer
- 1 EL edelsüßes Paprikapulver
- 1 Prise rosenscharfes Paprikapulver
- ¼ TL Chilipulver
- 1 Prise Cayennepfeffer
- 1 TL Tabasco

1. Kidneybohnen und Mais in ein Sieb abgießen, gründlich mit kaltem Wasser abspülen und anschließend gut abtropfen lassen.
2. Zwiebel und Knoblauchzehen abziehen und fein hacken.
3. Paprikaschote waschen, putzen und in kleine Stücke schneiden.
4. Öl im Schnellkochtopf erhitzen und das Hackfleisch darin krümelig braten.
5. Zwiebeln und Knoblauch hinzufügen und kurz mitbraten. Dann Paprika zugeben und unter Rühren 2–3 Minuten bei mittlerer Hitze dünsten.
6. Gehackte Tomaten, Brühe, Oregano und Gewürze zufügen und alles gut durchrühren.
7. Schnellkochtopf mit Deckel verschließen. Auf Stufe 2 stellen und vollen Druck aufbauen lassen. Dann Temperatur auf mittlere Hitze reduzieren und Chili bei stabilem Druck ca. 12 Minuten garen. Topf von der Herdplatte nehmen und schnell abdampfen lassen (siehe 2./S. 12).
8. Deckel abnehmen, wenn der Druck vollständig abgebaut ist. Schnellkochtopf noch mal auf die Herdplatte setzen, Kidneybohnen und Mais mit dem Chili vermengen und 3–5 Minuten bei niedriger Hitze erwärmen. Chili mit Gewürzen und Tabasco zur gewünschten Schärfe abschmecken.

Tipps:

Dazu schmeckt am besten Baguette oder Weißbrot.
Man kann auch noch 1 Karotte in Würfel schneiden und mitkochen.

Rouladen

FÜR 6 STÜCK

ZUTATEN:

- 3 Zwiebeln
- 1 Bund frische Petersilie
- 1 EL Butter oder Butterschmalz oder Öl, z. B. Rapsöl
- 3 Gewürzgurken
- 6 Rinderrouladen
- Salz, Pfeffer
- mittelscharfer Senf
- 6–12 dünne Scheiben geräucherter Schinken
- Mehl
- 2 EL Butterschmalz oder Rapsöl
- 1 große Karotte
- 400 g gehackte Tomaten aus der Dose
- 1 EL Tomatenmark
- 1–2 TL Gemüsebrühepulver

1. Zwiebeln abziehen, 2 Zwiebeln fein hacken, 1 Zwiebel grob vierteln. Petersilie waschen, trocken schütteln und hacken.
2. Butter in einem kleinen Topf erhitzen und die fein gehackten Zwiebeln darin glasig dünsten. Dann Petersilie hinzufügen und unter Rühren 1–2 Minuten mitdünsten. Topf von der Herdplatte nehmen und beiseite stellen.
3. Gewürzgurken der Länge nach halbieren.
4. Rouladen mit Wasser abspülen und mit Küchenpapier trocken tupfen. Rouladen mit dem Fleischklopfer zart klopfen und beidseitig salzen und pfeffern.
5. Jede Roulade dünn mit Senf bestreichen und mit 1–2 Scheiben geräuchertem Schinken (je nach Größe der Rouladen) belegen.
6. Auf die Schinkenscheiben 1–2 EL der Zwiebel-Petersilien-Mischung verteilen, dabei rundum etwa ½–1 cm Rand aussparen. Dann jeweils 1 Essiggurkenhälfte auf eine Seite der Roulade legen und Fleisch von dieser Seite aus eng aufrollen und mit Küchengarn, Rouladennadeln oder Spießen fixieren.
7. Mehl in einen tiefen Teller füllen und die Rouladen darin wälzen.
8. Butterschmalz im Schnellkochtopf erhitzen und die Rouladen darin von allen Seiten braun braten, dann aus dem Topf nehmen.
9. Karotte putzen, schälen und in grobe Stücke schneiden. Zusammen mit den restlichen Zwiebeln, den gehackten Tomaten, dem Tomatenmark und dem Brühepulver in den Schnellkochtopf geben und gut durchrühren. Mit Salz und Pfeffer würzen.

Tipp:

Dazu schmecken z. B. Knödel, Kartoffelpüree oder Rotkohl.

10. Schnellkochtopf mit Deckel verschließen. Auf Stufe 2 stellen und vollen Druck aufbauen lassen. Dann Temperatur auf mittlere Hitze reduzieren und Rouladen bei stabilem Druck 15–20 Minuten (je nach Größe) garen. Topf von der Herdplatte nehmen und schnell abdampfen lassen (siehe 2./S. 12).
11. Deckel abnehmen, wenn der Druck vollständig abgebaut ist. Rouladen herausnehmen und die Soße bis zur gewünschten Konsistenz mit dem Stabmixer pürieren. Mit Salz und Pfeffer abschmecken.
12. Rouladen mit der Soße servieren.

Tafelspitz

FÜR 4 PORTIONEN

ZUTATEN:

1 ½ kg Rindfleisch/Tafelspitz
1 Zwiebel
2 Karotten
½ Knollensellerie
1 Stange Lauch
½ Bund Petersilie
4 EL Butterschmalz
2 Lorbeerblätter
1 EL Pfefferkörner
1 TL Wacholderbeeren
1 l Wasser
Salz, Pfeffer

1. Rindfleisch mit Wasser abbrausen und mit Küchenpapier trocken tupfen.
2. Zwiebel abziehen und in grobe Stücke schneiden.
3. Karotten und Sellerie putzen, schälen und grob zerstückeln.
4. Lauch putzen, waschen und in Ringe schneiden.
5. Petersilie waschen, trocken schütteln und kleiner zupfen.
6. Butterschmalz im Schnellkochtopf erhitzen und das Fleisch darin von allen Seiten scharf anbraten.
7. Gemüse hinzufügen und kurz mitrösten. Die restlichen Zutaten zugeben.
8. Schnellkochtopf mit Deckel verschließen. Auf Stufe 2 stellen und vollen Druck aufbauen lassen. Dann Temperatur auf mittlere Hitze reduzieren und Fleisch bei stabilem Druck ca. 35 Minuten garen. Auf der ausgeschalteten Herdplatte langsam abdampfen lassen (siehe 1./S. 12).
9. Deckel abnehmen, wenn der Druck vollständig abgebaut ist. Tafelspitz aus der Garflüssigkeit nehmen und in dünnen Scheiben genießen.

Tipp:

Dazu schmecken Kartoffeln und Sahnemeerrettich.

Geflügel

Hähnchencurry

FÜR 4 PORTIONEN

ZUTATEN:

- 1 kleines Stück Ingwer (ca. 2 cm)
- 600 g Hähnchenbrustfilet
- Salz, Pfeffer
- 1 kleine Zwiebel
- 2 EL Öl, z. B. Kokosöl oder Rapsöl
- 1 EL Currypulver
- 1 TL gelbe Currypaste (optional)
- 400 ml Kokosmilch aus der Dose
- 200 ml Gemüsebrühe
- 1–2 TL Speisestärke (optional)
- ½ Bund frischer Koriander

1. Ingwer schälen und fein hacken.
2. Hähnchenbrustfilet mit Wasser abbrausen und mit Küchenpapier trocken tupfen. Anschließend in grobe Stücke schneiden und mit Salz und Pfeffer würzen.
3. Zwiebel abziehen und fein hacken.
4. Öl im Schnellkochtopf erhitzen und das Fleisch darin von allen Seiten scharf anbraten.
5. Zwiebel und Ingwer zugeben und kurz mitbraten.
6. Currypulver einrühren, danach Currypaste, Kokosmilch und Gemüsebrühe dazugeben.
7. Schnellkochtopf mit Deckel verschließen. Auf Stufe 2 stellen und vollen Druck aufbauen lassen. Dann Temperatur auf mittlere Hitze reduzieren und Curry bei stabilem Druck ca. 6 Minuten garen. Topf von der Herdplatte nehmen und schnell abdampfen lassen (siehe 2./S. 12).
8. Deckel abnehmen, wenn der Druck vollständig abgebaut ist. Alles durchrühren und mit Salz, Pfeffer und Currypulver abschmecken.
9. Falls das Curry sämiger sein soll, Speisestärke in einer Tasse mit etwas Wasser glatt rühren, untermischen und Curry noch mal kurz aufkochen, bis es die gewünschte Konsistenz hat.
10. Koriander waschen, trocken schütteln und fein hacken. Curry vor dem Servieren damit bestreuen.

Tipps:

Auch lecker: Bambussprossen oder klein geschnittene Karotten oder Frühlingszwiebeln mitkochen. Dazu dann die Gemüsebrühemenge auf bis zu 300 ml erhöhen.
Das Hähnchencurry kann mit Chilipulver und/oder roter oder sogar grüner Currypaste noch schärfer werden.

Paprikahähnchen

FÜR 4 PORTIONEN

ZUTATEN:

- 600 g Hähnchenbrustfilet
- Salz, Pfeffer
- 1 kleine Zwiebel
- 1 EL Butterschmalz oder Öl, z. B. Rapsöl
- 2 EL Tomatenmark
- 1 EL Ajvar oder Paprikamark
- 300 ml Geflügel- oder Gemüsebrühe
- 1 EL edelsüßes Paprikapulver
- 1 EL Speisestärke
- 1 EL Wasser
- 150 g saure Sahne

1. Hähnchenbrustfilet mit Wasser abbrausen und mit Küchenpapier trocken tupfen. Dann in grobe Stücke schneiden und mit Salz und Pfeffer würzen.
2. Zwiebel abziehen und fein hacken.
3. Butterschmalz im Schnellkochtopf erhitzen und Zwiebel darin glasig dünsten.
4. Das Hähnchenfleisch hinzufügen und von allen Seiten scharf anbraten.
5. Tomatenmark einrühren und kurz mitrösten. Ajvar, Brühe und Paprikapulver zugeben und gut durchrühren.
6. Schnellkochtopf mit Deckel verschließen. Auf Stufe 2 stellen und vollen Druck aufbauen lassen. Dann Temperatur auf mittlere Hitze reduzieren und Fleisch bei stabilem Druck ca. 6 Minuten garen. Topf von der Herdplatte nehmen und schnell abdampfen lassen (siehe 2./S. 12).
7. Deckel abnehmen, wenn der Druck vollständig abgebaut ist. Speisestärke in einer Tasse mit dem Wasser verrühren und in den Topf gießen. Alles gut durchrühren und kurz aufkochen lassen.
8. Paprikahähnchen etwas abkühlen lassen und die saure Sahne einrühren. Mit Salz und Pfeffer abschmecken.

Tipps:

Auch lecker: 1 rote Paprikaschote in Streifen schneiden und mitkochen.
Das Paprikahähnchen können Sie mit rosenscharfem Paprikapulver oder Chilipulver schärfer abschmecken.
Dazu passen Weißbrot, Salat, Reis oder Nudeln.

Kartoffel-Paprika-Puten-Topf

FÜR 4 PORTIONEN

ZUTATEN:

- 1 Zwiebel
- 600 g Kartoffeln
- 1 rote Paprikaschote
- 1 EL Butterschmalz oder Öl, z. B. Rapsöl
- 500 g Putenhackfleisch
- Salz, Pfeffer
- 400 g gehackte Tomaten aus der Dose
- 300 ml Gemüsebrühe
- 1 EL Tomatenmark
- 1 TL edelsüßes Paprikapulver

1. Zwiebel abziehen und fein hacken.
2. Kartoffeln waschen, schälen und klein würfeln.
3. Paprikaschote waschen, putzen und ebenfalls würfeln.
4. Butterschmalz im Schnellkochtopf erhitzen und die Zwiebel darin glasig dünsten.
5. Putenhackfleisch hinzufügen und krümelig braten. Mit Salz und Pfeffer würzen.
6. Die restlichen Zutaten zugeben und alles gut durchrühren.
7. Schnellkochtopf mit Deckel verschließen. Auf Stufe 2 stellen und vollen Druck aufbauen lassen. Dann Temperatur auf mittlere Hitze reduzieren und Eintopf bei stabilem Druck ca. 7 Minuten garen. Topf von der Herdplatte nehmen und schnell abdampfen lassen (siehe 2./S. 12).
8. Deckel abnehmen, wenn der Druck vollständig abgebaut ist. Alles gut durchrühren und mit Salz, Pfeffer und Paprikapulver abschmecken.

Tipp:

Mit frisch gehackten Kräutern wie Petersilie bestreuen oder diese vor dem Verzehr untermischen.

Chicken Balls in Tomatensoße

FÜR 4 PORTIONEN

ZUTATEN:

1 kleine Zwiebel
600 g Hähnchenhackfleisch, alternativ Hähnchenbrustfilet sehr fein hacken
1 Ei
2–3 EL Semmelbrösel
Salz, Pfeffer
2 EL Butterschmalz oder Öl, z. B. Rapsöl
800 g gehackte Tomaten aus der Dose
1 ½ TL getrockneter Oregano

1. Zwiebel abziehen und fein hacken.
2. Hähnchenhackfleisch, Zwiebel, Ei und 2 EL Semmelbrösel in eine Schüssel geben und gut verkneten. Mit Salz und Pfeffer würzen. Falls der Teig zu klebrig ist, noch etwas Semmelbrösel hinzufügen.
3. Mit angefeuchteten Händen aus dem Teig 12–16 etwa gleich große Bällchen formen.
4. 1 ½ EL Butterschmalz im Schnellkochtopf erhitzen und die Hackbällchen darin von allen Seiten scharf anbraten.
5. Dämpfeinsatz mit dem restlichen Butterschmalz einfetten und die Hackbällchen hineinlegen.
6. Gehackte Tomaten, Oregano, Salz und Pfeffer in den Schnellkochtopf geben und gut verrühren.
7. Steg/Dreibein in die Tomatensoße stellen und Dämpfeinsatz daraufsetzen (Soße quillt etwas über den Einsatz, aber das ist in Ordnung).
8. Schnellkochtopf mit Deckel verschließen. Auf Stufe 2 stellen und vollen Druck aufbauen lassen. Dann Temperatur auf mittlere Hitze reduzieren und Bällchen bei stabilem Druck ca. 4 Minuten garen. Topf von der Herdplatte nehmen und schnell abdampfen lassen (siehe 2./S. 12).
9. Deckel abnehmen, wenn der Druck vollständig abgebaut ist. Chicken Balls herausnehmen, Tomatensoße mit Salz und Pfeffer abschmecken und nach Belieben mit dem Stabmixer fein pürieren. Bällchen mit der Soße servieren.

Tipps:

Auch lecker: 1 rote Paprikaschote in Streifen schneiden, zur Tomatensoße geben und mitkochen.
Mit frisch gehackten Kräutern und geriebenem Parmesan bestreuen.
Dazu schmecken Weißbrot, Nudeln oder Reis.

Hühnerfrikassee

FÜR 4 PORTIONEN

ZUTATEN:

- 1 Suppenhuhn (ca. 1,2–1,4 kg), frisch oder TK
- 1 Packung Suppengrün (z. B. 2 Karotten, 1 Stück Knollensellerie, 1 Stück Lauch, 1–2 Zweige Petersilie)
- 2 Zwiebeln
- 2 Lorbeerblätter
- 6–8 schwarze Pfefferkörner
- Salz
- 1 ½ l Wasser
- 40 g Butter
- 2–3 EL Mehl
- 1 Prise Zucker
- 1–2 TL Zitronensaft
- 140 g Erbsen aus der Dose
- 1 Eigelb
- Pfeffer

1. Suppenhuhn mit Wasser abbrausen und mit Küchenpapier trocken tupfen. Falls TK-Hähnchen verwendet wird, vorher auftauen lassen. Suppengrün waschen, putzen und in grobe Stücke schneiden. Zwiebeln abziehen und grob vierteln.
2. Suppenhuhn, Suppengemüse, Zwiebeln, Lorbeerblätter, Pfefferkörner, 1 TL Salz und Wasser in den Schnellkochtopf füllen.
3. Schnellkochtopf mit Deckel verschließen. Auf Stufe 2 stellen und vollen Druck aufbauen lassen. Dann Temperatur auf mittlere Hitze reduzieren und Hähnchen bei stabilem Druck ca. 25 Minuten garen. Auf der ausgeschalteten Herdplatte langsam abdampfen lassen (siehe 1./S. 12).
4. Deckel abnehmen, wenn der Druck vollständig abgebaut ist. Huhn aus dem Topf nehmen und abkühlen lassen. Gemüse durch ein Sieb abseihen, dabei mindestens 750 ml Brühe auffangen.
5. Nach dem Abkühlen das Hähnchenfleisch von Haut und Knochen lösen und in mundgerechte Stücke schneiden oder rupfen.
6. Karotten in Scheiben schneiden. Das restliche Gemüse wird nicht im Hühnerfrikasse verwendet. Man kann es aber nach Belieben dazu essen.
7. Butter im Schnellkochtopf schmelzen. Das Mehl unter Rühren darin anschwitzen. Mit 750 ml Brühe ablöschen und unter Rühren aufkochen lassen. Mit Salz, Pfeffer, Zucker und Zitronensaft abschmecken.
8. Hähnchenfleisch, Erbsen und Karotten hinzufügen und 2–3 Minuten bei niedriger Hitze erwärmen.
9. 2–3 EL der Soße abnehmen und in einer kleinen Schüssel mit dem Eigelb verquirlen. Unter das Frikassee mischen, aber nicht mehr kochen lassen. Mit Salz und Pfeffer abschmecken.

Tipps:

Auch lecker: Spargel aus dem Glas in Stücke schneiden und nach dem Kochen untermischen.
Dazu passt am allerbesten Reis.
Mit frisch gehackten Kräutern wie z. B. Petersilie bestreuen.

Putenhack-Kohl-Topf

FÜR 4–6 PORTIONEN

ZUTATEN:

- ca. 700 g Weißkohl
- 1 Zwiebel
- 1 Knoblauchzehe
- 1 EL Butterschmalz oder Öl, z. B. Rapsöl
- 500 g Putenhackfleisch
- 2 EL Tomatenmark
- 1 TL edelsüßes Paprikapulver
- 1 Prise gemahlener Kümmel
- 1 TL getrocknete Kräuter der Provence
- 500 ml Gemüsebrühe
- Salz, Pfeffer

1. Weißkohl putzen, waschen und in feine Streifen schneiden.
2. Zwiebel und Knoblauch abziehen und fein hacken.
3. Butterschmalz im Schnellkochtopf erhitzen und Zwiebel darin glasig dünsten.
4. Putenhackfleisch hinzufügen und krümelig braten.
5. Knoblauch und Tomatenmark einrühren und kurz mitdünsten. Als Nächstes die restlichen Zutaten zugeben.
6. Schnellkochtopf mit Deckel verschließen. Auf Stufe 2 stellen und vollen Druck aufbauen lassen. Dann Temperatur auf mittlere Hitze reduzieren und alles bei stabilem Druck ca. 6 Minuten garen. Topf von der Herdplatte nehmen und schnell abdampfen lassen (siehe 2./S. 12).
7. Deckel abnehmen, wenn der Druck vollständig abgebaut ist. Alles gut durchrühren und mit Salz, Pfeffer und Paprikapulver abschmecken.

Tipps:

Auch lecker: 1 Karotte in kleine Stücke geschnitten oder geraspelt mitkochen. Mit frisch gehackten Kräutern wie z. B. Petersilie bestreuen oder diese vor dem Verzehr untermischen.

Wirsing-Hähnchen-Topf

FÜR 4 PORTIONEN

ZUTATEN:

500 g Hähnchenbrustfilet
Salz, Pfeffer
1 TL edelsüßes Paprikapulver
1 Zwiebel
1 Knoblauchzehe
1 Karotte
250 g Kartoffeln
½ Kopf Wirsing
1 EL Butterschmalz oder Öl, z. B. Rapsöl
2 EL Tomatenmark
1 Prise gemahlener Kümmel
400 ml Gemüsebrühe

1. Hähnchenfleisch mit Wasser abbrausen und mit Küchenpapier trocken tupfen. Dann grob würfeln, in eine Schüssel geben und mit Salz, Pfeffer und Paprikapulver würzen.
2. Zwiebel und Knoblauch abziehen und fein hacken.
3. Karotte und Kartoffeln waschen, putzen, schälen und klein würfeln.
4. Wirsing waschen, putzen und in feine Streifen schneiden.
5. Butterschmalz im Schnellkochtopf erhitzen und die Zwiebel darin glasig dünsten.
6. Hähnchenfleisch hinzufügen und von allen Seiten scharf anbraten.
7. Tomatenmark, Karotten, Kartoffeln und Knoblauch zugeben und 2–3 Minuten garen. Danach die restlichen Zutaten zufügen.
8. Schnellkochtopf mit Deckel verschließen. Auf Stufe 2 stellen und vollen Druck aufbauen lassen. Dann Temperatur auf mittlere Hitze reduzieren und alles bei stabilem Druck ca. 7 Minuten garen. Topf von der Herdplatte nehmen und schnell abdampfen lassen (siehe 2./S. 12).
9. Deckel abnehmen, wenn der Druck vollständig abgebaut ist. Alles gut durchrühren und mit Salz, Pfeffer und Paprikapulver abschmecken.

Tipps:

Auch lecker: 25 g Speckwürfel mit anbraten und mitkochen. Mit frisch gehackten Kräutern wie Petersilie bestreuen oder diese vor dem Verzehr untermischen.

Putengeschnetzeltes

FÜR 4 PORTIONEN

ZUTATEN:

600 g Putengeschnetzeltes oder Putenschnitzel, in Streifen geschnitten
Salz, Pfeffer
1 Zwiebel
300 g Champignons
3 EL Tomatenmark
2 EL Öl, z. B. Rapsöl
1 EL Butter
1 EL Mehl
300 ml Geflügel- oder Geflügelbrühe
200 ml Sahne

1. Putengeschnetzeltes mit Wasser abbrausen, abtropfen lassen und mit Küchenpapier trocken tupfen. Dann mit Salz und Pfeffer würzen.
2. Zwiebel abziehen und fein hacken.
3. Champignons säubern, putzen und in dünne Scheiben schneiden.
4. Tomatenmark und 1 EL Öl im Schnellkochtopf erhitzen und Zwiebel darin glasig dünsten.
5. Geschnetzeltes hinzufügen und von allen Seiten ganz kurz scharf anbraten. Dann alles aus dem Topf nehmen und in eine Schüssel umfüllen.
6. Das restliche Öl im Topf erhitzen und die Champignons darin 3–4 Minuten braten. Zu Fleisch und Zwiebeln in die Schüssel geben.
7. Butter im Topf schmelzen und das Mehl darin unter Rühren anschwitzen.
8. Brühe und Sahne zugießen und unter Rühren aufkochen lassen. Mit Salz und Pfeffer würzen.
9. Fleisch, Zwiebeln und Champignons aus der Schüssel in den Topf geben und alles gut durchrühren.
10. Schnellkochtopf mit Deckel verschließen. Auf Stufe 2 stellen und vollen Druck aufbauen lassen. Dann Temperatur auf mittlere Hitze reduzieren und Geschnetzeltes bei stabilem Druck ca. 4 Minuten garen. Topf von der Herdplatte nehmen und schnell abdampfen lassen (siehe 2./S. 12).
11. Deckel abnehmen, wenn der Druck vollständig abgebaut ist. Geschnetzeltes noch mal durchrühren und mit Salz und Pfeffer abschmecken.

Tipps:

Falls die Soße sämiger sein soll, 1–2 EL Speisestärke in einer Tasse mit etwas Wasser glatt rühren, in das Geschnetzelte einrühren und zum Andicken unter Rühren kurz aufkochen lassen.
Dazu schmecken Reis und Nudeln.
Man kann auch ein One-Pot-Essen daraus machen, indem man z. B. 400 g Risotto- oder Langkornreis und 800 ml Gemüsebrühe hinzufügt. Garzeit dann insgesamt 5 Minuten auf Stufe 2.

Mexikanischer Hähnchentopf

FÜR 4 PORTIONEN

ZUTATEN:
- 225 g Kidneybohnen aus der Dose
- 140 g Mais aus der Dose
- 1 Zwiebel
- 1 Knoblauchzehe
- 1 rote Paprikaschote
- 600 g Hähnchenbrustfilet
- Salz, Pfeffer
- 2 EL Öl, z. B. Rapsöl
- 400 g gehackte Tomaten aus der Dose
- 200 ml Gemüse- oder Fleischbrühe
- 1 TL getrockneter Oregano
- 1 EL edelsüßes Paprikapulver
- 1 Prise rosenscharfes Paprikapulver
- Chilipulver

1. Kidneybohnen und Mais in ein Sieb abgießen, gründlich mit kaltem Wasser abspülen und anschließend gut abtropfen lassen.
2. Zwiebel und Knoblauch abziehen und fein hacken.
3. Paprikaschote waschen, putzen und in kleine Stücke schneiden.
4. Hähnchenbrustfilet mit Wasser abbrausen und mit Küchenpapier trocken tupfen. Mit Salz und Pfeffer würzen.
5. 1 EL Öl im Schnellkochtopf erhitzen und das Hähnchen darin von beiden Seiten scharf anbraten. Dann kurz aus dem Topf nehmen.
6. Das restliche Öl im Schnellkochtopf erhitzen und Zwiebel und Knoblauch darin glasig dünsten. Dann Paprika zugeben und unter Rühren 2–3 Minuten bei mittlerer Hitze dünsten.
7. Gehackte Tomaten, Brühe, Oregano und Gewürze hinzufügen und alles gut durchrühren. Nun das Hähnchen daraufsetzen.
8. Schnellkochtopf mit Deckel verschließen. Auf Stufe 2 stellen und vollen Druck aufbauen lassen. Dann Temperatur auf mittlere Hitze reduzieren und Hähnchen bei stabilem Druck ca. 8 Minuten garen. Topf von der Herdplatte nehmen und schnell abdampfen lassen (siehe 2./S. 12).
9. Deckel abnehmen, wenn der Druck vollständig abgebaut ist. Hähnchenbrustfilet mit 2 Gabeln in beliebig große Stücke zupfen. Schnellkochtopf noch mal auf den Herd stellen, Kidneybohnen und Mais hinzufügen, untermischen und 3–5 Minuten bei niedriger Hitze erwärmen. Mit den Gewürzen zur gewünschten Schärfe abschmecken.

Tipps:

Dazu schmecken Baguette oder Weißbrot und Salat.
Der Hähnchentopf ist auch ideal als Füllung für Tacos.
Wer will, schneidet das Hähnchenbrustfilet schon vor dem Garen in Streifen oder Stücke.

Fisch und Meeresfrüchte

Fischfilet mit Karottensticks

FÜR 2 PORTIONEN

ZUTATEN:

2 festfleischige Fischfilets ohne Haut à 200 g, z. B. Rotbarsch, Lachs oder Kabeljau
1 Zitrone
Salz, Pfeffer
Chiliflocken (optional)
4 Karotten
300 ml Wasser

1. Fischfilets mit Wasser abbrausen und mit Küchenpapier trocken tupfen.
2. Zitrone halbieren und 1 Hälfte auspressen. Fischfilets mit Zitronensaft beträufeln und mit Salz, Pfeffer und nach Belieben mit Chiliflocken würzen.
3. Karotten putzen, schälen und in Stäbchen schneiden.
4. Wasser in den Schnellkochtopf füllen und Steg/Dreibein und Dämpfeinsatz einsetzen. Karotten in den Einsatz legen und die Filets auf die Karotten geben.
5. Schnellkochtopf mit Deckel verschließen. Auf Stufe 1 stellen und vollen Druck aufbauen lassen. Dann Temperatur auf mittlere Hitze reduzieren und Fisch bei stabilem Druck 3 Minuten (für Rotbarsch) oder 4 Minuten (für Lachs oder Kabeljau) garen. Topf von der Herdplatte nehmen und schnell abdampfen lassen (siehe 2./S. 12).
6. Deckel abnehmen, wenn der Druck vollständig abgebaut ist.
7. Fisch auf Karottensticks servieren und nach Belieben mit Zitronensaft beträufeln.

Tipps:

Die Garzeiten können je nach Dicke und Art des Fischfilets variieren. Normalerweise reichen aber 3–4 Minuten. Sollte der Fisch noch glasig sein, einfach mit aufgelegtem Deckel ohne Druck bei mittlerer Hitze in 1–3 Minuten fertig dämpfen.
Dazu schmeckt Remoulade oder Joghurtsoße (200 g Naturjoghurt einfach mit etwas Salz und Pfeffer würzen). Auch lecker: etwas Olivenöl und Zitronensaft darüberträufeln.

Fischfilet auf Gemüsenudeln

FÜR 2 PORTIONEN

ZUTATEN:

- 2 festfleischige Fischfilets ohne Haut à 200 g, (z. B. Rotbarsch, Lachs oder Kabeljau)
- 2 EL Zitronensaft
- Salz, Pfeffer
- 1 große Zucchini
- 2 Karotten
- 1 EL Öl, z. B. Sesam- oder Olivenöl
- 250 ml Brühe, z. B. Gemüsebrühe oder Fischfond, alternativ Wasser
- 1 kleiner Bund Petersilie

1. Fischfilets mit Wasser abbrausen und mit Küchenpapier trocken tupfen. Dann jeweils mit 1 EL Zitronensaft beträufeln und von allen Seiten salzen und pfeffern.
2. Zucchini und Karotten waschen, putzen, dann mit einem Spiralschneider oder Messer in feine Streifen schneiden. Alternativ mit einem Sparschäler in eine etwas breitere »Bandnudel«-Form schneiden. In eine Schüssel geben und mit Öl vermischen, mit Salz und Pfeffer würzen.
3. Brühe in den Schnellkochtopf füllen und Steg/Dreibein und Dämpfeinsatz einsetzen. Gemüse in den Dämpfeinsatz legen und Fischfilets darauf verteilen.
4. Schnellkochtopf mit Deckel verschließen. Auf Stufe 1 stellen und vollen Druck aufbauen lassen. Dann Temperatur auf mittlere Hitze reduzieren und Fisch bei stabilem Druck ca. 3 Minuten (für Rotbarsch) oder 4 Minuten (für Lachs oder Kabeljau) garen.
5. Währenddessen Petersilie waschen, trocken schütteln und hacken oder kleiner zupfen.
6. Schnellkochtopf nach der Garzeit von der Herdplatte nehmen und schnell abdampfen lassen (siehe 2./S. 12). Deckel abnehmen, wenn der Druck vollständig abgebaut ist.
7. Fisch und Gemüse aus dem Topf nehmen und auf Tellern anrichten. Eventuell noch jeweils 2–3 EL der Gemüsebrühe darüberträufeln. Mit Petersilie garnieren.

Tipps:

Die Garzeiten können je nach Dicke und Art des Fischfilets variieren. Normalerweise reichen aber 3–4 Minuten. Sollte der Fisch noch glasig sein, einfach mit aufgelegtem Deckel ohne Druck bei mittlerer Hitze in 1–3 Minuten fertig dämpfen.
Zum Servieren jeweils 1 Zitronenscheibe auf jedes Fischfilet legen.
Wer es schärfer mag, kann das Gericht mit Chiliflocken oder frisch gemahlenem Pfeffer bestreuen.

Shrimps-Risotto

FÜR 4 PORTIONEN

ZUTATEN:

1 kleine Zwiebel
2 EL Butter
400 g Reis, z. B. Risottoreis
1 l Gemüsebrühe oder Fischfond
¼–½ TL getrockneter Rosmarin oder 1 TL frisch gehackter Rosmarin
Salz, Pfeffer
300 g Garnelen/Shrimps (küchenfertig)
1 EL Zitronensaft
4–6 EL geriebener Parmesan

1. Zwiebel abziehen und fein hacken.
2. 1 EL Butter im Schnellkochtopf erhitzen und Zwiebel darin glasig dünsten.
3. Reis einfüllen und kurz mitbraten.
4. Brühe und Rosmarin zufügen, mit Salz und Pfeffer würzen und alles gut durchrühren.
5. Schnellkochtopf mit dem Deckel verschließen. Auf Stufe 2 stellen und vollen Druck aufbauen lassen. Dann Temperatur auf mittlere Hitze reduzieren und Reis bei stabilem Druck ca. 5 Minuten garen.
6. Während das Risotto köchelt, Garnelen mit Wasser abbrausen und mit Küchenpapier trocken tupfen. In einer Schüssel mit Zitronensaft vermischen und durchziehen lassen.
7. Schnellkochtopf nach der Garzeit von der Herdplatte nehmen und schnell abdampfen lassen (siehe 2./S. 12).
8. Deckel abnehmen, wenn der Druck vollständig abgebaut ist. Shrimps in das Risotto einrühren und noch mal kurz aufkochen. Dann Herd ausschalten, die restliche Butter und den Parmesan einrühren und mit Salz und Pfeffer abschmecken.

Fischcurry

FÜR 4 PORTIONEN

ZUTATEN:

- 1 kleines Stück Ingwer (ca. 2 cm)
- 600 g festfleischiges Fischfilet ohne Haut, z. B. Rotbarsch, Lachs oder Kabeljau
- 2 EL Zitronensaft
- Salz, Pfeffer
- 1 rote Paprikaschote
- 1 kleine Zwiebel
- 1 EL Öl, z. B. Kokosöl oder Rapsöl
- 1 TL edelsüßes Paprikapulver
- ½ TL rosenscharfes Paprikapulver (optional)
- 1 Prise Cayennepfeffer
- 1 TL rote Currypaste (optional)
- 400 ml Kokosmilch aus der Dose
- 100 ml Gemüsebrühe
- 1–2 TL Speisestärke (optional)

1. Ingwer schälen und fein hacken.
2. Fischfilet mit Wasser abbrausen, abtropfen lassen und mit Küchenpapier trocken tupfen. In grobe Stücke schneiden und in einer Schüssel mit Zitronensaft, Salz und Pfeffer vermischen.
3. Paprikaschote waschen, putzen und in feine Streifen oder Stücke schneiden.
4. Zwiebel abziehen und fein hacken.
5. Öl im Schnellkochtopf erhitzen und Zwiebel darin glasig dünsten.
6. Paprika und Ingwer hinzufügen und 2–3 Minuten mitdünsten.
7. Die restlichen Zutaten bis auf die Speisestärke zugeben und alles gut durchrühren.
8. Schnellkochtopf mit Deckel verschließen. Auf Stufe 1 stellen und vollen Druck aufbauen lassen. Dann Temperatur auf mittlere Hitze reduzieren und Curry bei stabilem Druck ca. 3 Minuten (für Rotbarsch) oder 4 Minuten (für Lachs oder Kabeljau) garen. Schnellkochtopf nach der Garzeit von der Herdplatte nehmen und schnell abdampfen lassen (siehe 2./S. 12).
9. Deckel abnehmen, wenn der Druck vollständig abgebaut ist. Curry noch mal durchrühren und mit den Gewürzen abschmecken. Falls das Curry sämiger sein soll, Speisestärke in einer Tasse mit etwas Wasser glatt rühren, unter das Curry mischen und dieses noch mal kurz aufkochen lassen, bis es die gewünschte Konsistenz aufweist.

Tipps:

Die Garzeiten können je nach Dicke und Art des Fischfilets variieren. Normalerweise reichen aber 3–4 Minuten. Sollte der Fisch noch glasig sein, einfach mit aufgelegtem Deckel ohne Druck bei mittlerer Hitze in 1–3 Minuten fertig garen.
Vor dem Servieren mit frisch gehackten Kräutern bestreuen.
Auch lecker: klein geschnittene Karotten oder Frühlingszwiebeln mitkochen.
Wer es schärfer mag, kann das Gericht mit Chiliflocken oder Chilipulver abschmecken.

Süße Gerichte

Panna cotta

FÜR 4 PORTIONEN

ZUTATEN:

175 ml Sahne
75 ml Milch
50 g Zucker
½ Vanilleschote
2 Eiweiß
1 Prise Salz
4 Soufflé-Förmchen

1. Sahne, Milch, Zucker und Vanilleschote in einen Topf geben und unter Rühren zum Kochen bringen.
2. Topf vom Herd nehmen und die Vanilleschote entfernen, dann abkühlen lassen.
3. Die Eiweiß mit dem Salz in ein hohes Rührgefäß geben und mit dem Handmixer steif schlagen. Dann nach und nach unter das Sahnegemisch heben.
4. Die Masse in 4 Soufflé-Förmchen füllen.
5. Steg/Dreibein und Dämpfeinsatz in den Schnellkochtopf einsetzen. Wasser bis kurz unter den Dämpfeinsatz einfüllen. 2 Förmchen in den Einsatz stellen.
6. Schnellkochtopf mit Deckel verschließen. Auf Stufe 1 stellen und vollen Druck aufbauen lassen. Dann Temperatur auf mittlere Hitze reduzieren und Panna cotta bei stabilem Druck ca. 6 Minuten garen.
7. Topf von der Herdplatte ziehen und 3–4 Minuten abkühlen lassen. Restdampf ablassen und Deckel abnehmen, wenn der Druck vollständig abgebaut ist. Die Gläser vorsichtig (z. B. mit Ofenhandschuhen) aus dem Einsatz nehmen.
8. Vorgang mit den restlichen Förmchen wiederholen.

Tipp:

Mit frischen Früchten wie z. B. Heidelbeeren oder Erdbeeren garniert servieren.

Dampfnudeln/Hefeknödel

FÜR 6 STÜCK

ZUTATEN:

- 100 ml Milch
- 40 g Zucker
- ½ Würfel frische Hefe (21 g) oder 3 g Trockenhefe
- 200 g Mehl, z. B. Weizenmehl Type 405, plus mehr für die Arbeitsfläche
- 1 Ei
- 1 Msp. Vanillepulver
- 1 Prise Salz
- 1 EL Öl, z. B. Rapsöl
- 300 ml Wasser

FÜR DIE VANILLESOSSE:

- 250 ml Milch
- 1 Msp. Vanillepulver
- 3 Eigelb
- 40 g Zucker
- 80 ml Sahne

1. Die Milch in einem Topf lauwarm erwärmen. 50 ml lauwarme Milch in eine kleine Schüssel geben und mit dem Zucker verrühren. Die Hefe hineinbröseln und durch Rühren in der Milch auflösen.
2. Mehl, Ei, Vanillepulver und Salz in einer Rührschüssel vermengen, dann die Hefemilch hinzufügen und alles mit dem Handrührgerät zu einem glatten Teig verkneten.
3. Schüssel mit einem sauberen Küchentuch abdecken und Teig an einem warmen Ort mindestens 30 Minuten gehen lassen.
4. Teig erneut durchkneten und 6 gleich große Kugeln daraus formen. Auf eine mit Mehl bestreute Arbeitsfläche legen, zudecken und weitere 15 Minuten gehen lassen.
5. Gareinsatz-Innenseite mit Öl bestreichen.
6. Wasser in den Schnellkochtopf füllen und Steg/Dreibein sowie Dämpfeinsatz einsetzen. Teigkugeln in den Dämpfeinsatz legen und mit der restlichen Milch übergießen.
7. Schnellkochtopf mit Deckel verschließen. Auf Stufe 1 stellen und vollen Druck aufbauen lassen. Dann Temperatur auf mittlere Hitze reduzieren und Knödel bei stabilem Druck ca. 8 Minuten garen.
8. Währenddessen die Vanillesoße zubereiten. Dafür Milch und Vanillepulver in einem Topf vermischen und kurz aufkochen lassen.
9. Eigelb, Zucker und Sahne in einer Schüssel mit dem Schneebesen verquirlen. Topf von der Herdplatte nehmen und die Eier-Sahne-Mischung unter Rühren einfließen lassen.

Tipps:

Dampfnudeln kann man auch vor dem Kochen mit Pflaumenkompott oder frischen Früchten wie Pflaumen oder Erdbeeren füllen. Dazu schmecken neben Vanillesoße auch Kompott und frische Beeren oder andere Früchte.

10. Topf wieder auf den Herd stellen und Flüssigkeit bis kurz vor den Siedepunkt erhitzen, aber nicht mehr kochen. Anschließend Topf beiseite stellen und Soße abkühlen lassen, dabei immer wieder umrühren.
11. Schnellkochtopf auf der ausgeschalteten Herdplatte langsam abdampfen lassen (siehe 1./S. 12) . Deckel abnehmen, wenn der Druck vollständig abgebaut ist.
12. Dampfnudeln aus dem Topf nehmen und mit Vanillesoße servieren.

Apfelmus

FÜR 4 PORTIONEN

ZUTATEN:

1 kg Äpfel, z. B. Boskoop, Cox Orange, Braeburn
100 ml Wasser
1 TL Zimt

1. Äpfel waschen, schälen, entkernen und in Würfel schneiden.
2. Die Äpfel mit dem Wasser in den Schnellkochtopf geben.
3. Schnellkochtopf mit Deckel verschließen. Auf Stufe 1 stellen und vollen Druck aufbauen lassen. Dann Temperatur auf mittlere Hitze reduzieren und Äpfel bei stabilem Druck ca. 6 Minuten garen. Schnellkochtopf auf der ausgeschalteten Herdplatte langsam abdampfen lassen (siehe 1./S. 12).
4. Deckel abnehmen, wenn der Druck vollständig abgebaut ist.
5. Zimt über die gekochten Äpfel streuen und diese mit einem Stabmixer bis zur gewünschten Konsistenz pürieren.

Tipp:

Wer es süßer möchte, kann noch etwas Zucker oder Honig hinzufügen.

Milchreis

FÜR 3–4 PORTIONEN

ZUTATEN:

- 900 ml Milch
- 100 ml Sahne
- 1 Prise Salz
- 1 EL Butter
- 220 g Milchreis
- 1 Päckchen Vanillezucker
- 1–2 EL Honig oder Süßungsmittel nach Belieben (optional)
- Zimt nach Belieben

1. Alle Zutaten bis auf den Zimt in den Schnellkochtopf geben und unter Rühren zum Kochen bringen.
2. Schnellkochtopf mit Deckel verschließen. Auf Stufe 1 stellen und vollen Druck aufbauen lassen. Dann Temperatur auf mittlere Hitze reduzieren und Milchreis bei stabilem Druck ca. 10 Minuten garen. Auf der ausgeschalteten Herdplatte langsam abdampfen lassen (siehe 1./S. 12).
3. Deckel abnehmen, wenn der Druck vollständig abgebaut ist. Milchreis gut durchrühren und mit Zimt abschmecken.

Tipp:

Schmeckt warm und kalt nur mit Zimt verfeinert oder aber mit Beeren oder Beerenpüree/-soße.

Erdbeer-Rhabarber-Kompott

FÜR CA. 1 KG

ZUTATEN:

- 500 g Rhabarber
- 500 g Erdbeeren, frisch oder TK
- 2 EL Wasser
- 4 EL Zucker
- ¼ TL gemahlene Vanille
- 1 EL Zitronensaft

1. Rhabarber waschen, schälen und in Scheiben schneiden. Frische Erdbeeren waschen, entstielen, dann halbieren.
2. Alle Zutaten bis auf den Zitronensaft in den Schnellkochtopf geben.
3. Schnellkochtopf mit Deckel verschließen. Auf Stufe 1 stellen und vollen Druck aufbauen lassen. Dann Temperatur auf mittlere Hitze reduzieren und Kompott bei stabilem Druck ca. 7 Minuten garen. Auf der ausgeschalteten Herdplatte langsam abdampfen lassen (siehe 1./S. 12).
4. Deckel abnehmen, wenn der Druck vollständig abgebaut ist. Zitronensaft einrühren und eventuell noch nachsüßen.

Schokoküchlein

FÜR 3 PORTIONEN

ZUTATEN:

- 3 Eier
- 100 g weiche Butter plus mehr für die Formen
- 150 g Zucker
- 1 EL Vanillezucker
- 150 g Weizenmehl Type 405
- 1 EL Backpulver
- 2 EL stark entöltes Backkakaopulver
- 2–3 EL Milch (optional)
- Puderzucker
- 300 ml Wasser
- 3 kleine Souffléformen oder Einweckgläser

1. Eier, Butter, Zucker und Vanillezucker in eine Schüssel geben und mit dem Handmixer verquirlen.
2. Mehl, Backpulver und Kakaopulver in einer Schüssel vermischen und sukzessive in die Eiermasse einrühren. Falls der Teig zu fest ist, noch etwas Milch zugeben.
3. Formen oder Gläser mit Butter einfetten und mit Puderzucker bestäuben. Dann den Teig einfüllen. Bei den Souffléformen bis etwa 1 cm unter den Rand, bei Einweckgläsern bis etwas über die Hälfte. Deckel auf die Gläser auflegen bzw. Formen mit Alu- oder Klarsichtfolie vor Kondenswasser schützen.
4. Wasser in den Schnellkochtopf füllen, Steg/Dreibein sowie Dämpfeinsatz einsetzen und Formen bzw. Gläser in den Dämpfeinsatz stellen.
5. Schnellkochtopf mit Deckel verschließen. Auf Stufe 2 stellen und vollen Druck aufbauen lassen. Dann Temperatur auf mittlere Hitze reduzieren und Küchlein bei stabilem Druck ca. 7 Minuten garen. Auf der ausgeschalteten Herdplatte langsam abdampfen lassen (siehe 1./S. 12).
6. Deckel abnehmen, wenn der Druck vollständig abgebaut ist.
7. Küchlein komplett auskühlen lassen und nach Belieben mit Puderzucker bestreuen.

Tipp:

In schönen Weckgläsern sind die Küchlein auch ideal als kleines Mitbringsel oder Geschenk geeignet.

Gefüllter Apfel

FÜR 4 PORTIONEN

ZUTATEN:

- 4 Äpfel
- 4 TL plus 1 EL Zitronensaft
- 4 Walnusskerne
- ½ TL Zimt
- 1 Msp. Vanillepulver
- 4 TL flüssiger Honig
- 4 EL gemahlene Mandeln
- Öl, z. B. Rapsöl für den Einsatz
- 300 ml Wasser

1. Äpfel waschen, schälen, jeweils einen »Deckel« abschneiden und Äpfel aushöhlen. Fruchtfleisch klein schneiden.
2. Die Innenseiten mit jeweils 1 TL Zitronensaft beträufeln.
3. Walnüsse hacken.
4. Fruchtfleisch, 1 EL Zitronensaft, Zimt, Vanille, Honig, gemahlene Mandeln und Walnüsse in einer Schüssel vermischen. Äpfel damit füllen und die Deckel wieder aufsetzen.
5. Dämpfeinsatz-Innenseite mit Öl einfetten und die Äpfel in den Einsatz stellen.
6. Wasser in den Schnellkochtopf füllen, Steg/Dreibein und Dämpfeinsatz mit den Äpfeln einsetzen.
7. Schnellkochtopf mit Deckel verschließen. Auf Stufe 1 stellen und vollen Druck aufbauen lassen. Dann Temperatur auf mittlere Hitze reduzieren und Äpfel bei stabilem Druck ca. 5 Minuten garen. Auf der ausgeschalteten Herdplatte langsam abdampfen lassen (siehe 1./S. 12).
8. Deckel abnehmen, wenn der Druck vollständig abgebaut ist. Äpfel herausnehmen und nach Belieben mit mehr Zimt bestreuen oder noch etwas Honig darüberträufeln.

Tipps:

Dazu schmecken Vanilleeis oder Vanillesoße sehr gut.
Nach Belieben noch mit etwas Puderzucker bestreuen.

Bonusmaterial zum Buch

Auf **happyfitfood.de/schnellkochtopf** habe ich Ihnen weitere Tipps und hilfreiche Downloads rund um den Schnellkochtopf zusammengestellt. Sie finden dort z. B. allgemeine Garzeiten-Tabellen für Lebensmittel, Rezepte und Anleitungen zum Kochen von diversen Grundrezepten für Brühe, schnelle Beilagen und Co. Außerdem meine persönlichen Empfehlungen zu verwendeten Produkten.

Herzliche Grüße
Veronika Pichl

Über die Autorin

Veronika Pichl ist Autorin zahlreicher Kochbücher und Ratgeber. Mit ihren Büchern und ihrem Blog-Magazin »HappyFitFood – Gesunde Ernährung mit Fun-Faktor« möchte sie ihre Leser zu einem gesünderen und glücklicheren Leben inspirieren. Im riva Verlag sind bereits viele erfolgreiche Bücher von ihr erschienen. Sie lebt mit ihrem Mann und ihren beiden Kindern im schönen Mittelfranken. Mehr Infos zur Autorin und ihren Büchern finden Sie auf **www veronikapichl.de**. Im Blog-Magazin von Veronika Pichl auf **www.happyfitfood.de** erscheinen regelmäßig leckere Rezepte, Meal-Prep- und Lunchbox-Ideen. Außerdem gibt es wissenswerte Beiträge, um mehr Bewegung in den Alltag zu bringen und Kilos zu verlieren, aber auch Tipps, um seine Ziele zu erreichen – für eine nachhaltige Lebensweise und mehr Zufriedenheit im Leben.

Zutatenregister

A
Ajvar 43, 84
Apfel 44, 112, 120
Apfelsaft 44
Aubergine 36, 40

B
Blumenkohl 18
Brötchen 46
Brühe 16, 18, 20, 22, 26, 28, 30, 32, 36, 38, 40, 43, 50, 52, 54, 56, 58, 60, 62, 64, 66, 68, 70, 72, 74, 76, 82, 84, 85, 90, 91, 92, 94, 100, 102, 104
Butter 18, 30, 42, 46, 76, 88, 92, 102, 114, 118

C
Champignons 30, 92
Crème fraîche 54
Currypaste 34, 82, 104

E
Eier 46, 64, 72, 86, 88, 108, 110, 118
Erbsen 26, 88
Erdbeeren 116

F
Fisch 98, 100, 104
Fischfond 100, 102

G
Garnelen 102
Gewürzgurken 76
Grünkohl 38

H
Hähnchen 82, 84, 86, 88, 91, 94
Hefe 110
Honig 28, 114, 120

I
Ingwer 20, 82, 104

K
Kakaopulver 118
Kalb 52
Karotten 16, 20, 26, 28, 32, 38, 50, 52, 68, 70, 76, 78, 88, 91, 98, 100
Kartoffeln 16, 18, 22, 26, 32, 38, 42, 50, 52, 85, 91
Kasseler 50
Kichererbsen 34, 40
Kidneybohnen 74, 94
Knoblauch 28, 34, 36, 40, 43, 62, 64, 72, 74, 90, 91, 94
Kokosmilch 20, 34, 82, 104
Koriander 34, 82
Kürbis 20

L
Lauch 16, 68, 70, 78, 88
Limette 34, 38
Linsen 28, 38
Lorbeerblatt 44, 50 ,78, 88

M
Mandeln 120
Mais 74, 94
Mehl 76, 88, 92, 110, 118
Milch 42, 46, 108, 110, 114, 118
Milchreis 114

N

Nudeln 56, 60

O

Orangensaft 62

P

Paprikaschoten 22, 32, 36, 38, 43, 58, 64, 74, 85, 94, 104
Parmesan 30, 60, 102
Petersilie 34, 46, 52, 64, 76, 78, 88, 100
Pfefferkörner 78, 88
Pute 85, 90, 92

R

Reis 30, 43, 58, 66, 102
Rhabarber 116
Rind 22, 52, 54, 56, 64, 66, 70, 72, 74, 76, 78
Rotkohl 44
Rotwein 70

S

Sahne 18, 60, 92, 108, 110, 114
Sauerkraut 50
Saure Sahne 84
Schinken 60, 76
Schwein 22, 52, 56, 58, 62, 64, 66, 68
Sellerie 52, 70, 78, 88
Semmelbrösel 46, 72, 86
Senf 68, 70, 72, 76
Speisestärke 54, 64, 68, 70, 82, 84, 104
Süßkartoffeln 34

T

Tomaten, gehackt 36, 40, 43, 56, 58, 64, 74, 76, 85, 86, 94
Tomatenmark 22, 32, 36, 40, 43, 54, 56, 58, 64, 66, 72, 76, 84, 85, 90, 91, 92
Tomaten, passiert 22, 34, 72

W

Wacholderbeeren 78
Walnüsse 120
Weißkohl 32, 52, 72, 90
Wirsing 91

Z

Zitrone 28, 88, 98, 100, 102, 104, 116, 118, 120
Zucchini 36, 100
Zucker 44, 88, 108, 110, 116, 118
Zwiebel 16, 18, 20, 22, 26, 28, 30, 32, 34, 36, 38, 40, 43, 44, 46, 52, 54, 56, 58, 62, 64, 66, 68, 70, 72, 74, 76, 78, 82, 84, 85, 86, 88, 90, 91, 92, 94, 102, 104

Bildnachweis

Shutterstock.com:
S. 3 + S. 23: Ivanna Pavliuk; S. 5 oben links + S. 19 + S. 65 + S. 117: Kolpakova Svetlana; S. 5 Mitte links: Olga Miltsova; S. 5 unten links + S. 77: Miti74; S. 6 oben links + S. 63: Joshua Resnick; S. 6 Mitte links + S. 87: marco mayer; S. 6 Mitte unten + S. 83: Ramon grosso dolarea; S. 7 oben links + S. 101: Eduard Zhukov; S. 7 Mitte links + S. 106 + S. 111: BarthFotografie; S. 7 unten + S. 115: Nata Bene; S. 9: Jack Jelly; S. 10 + S. 11 rechts + S. 122: Daniel Krason; S. 11 links: Gilles Paire; S. 12: Steve Heap; S. 14 + S. 21: nana77777; S. 17: Piotr Tomicki; S. 24 + S. 29: Nina Firsova; S. 29: Angelika Heine; S. 31: Mehriban A; S. 33: Tatiana Volgutova; S. 35: DronG; S. 37: kitty; S. 39: nelea33; S. 41 + S. 55: MariaKovaleva; S. 45: ElenaKor; S. 47: Slawomir Fajer, S. 48 + S. 71: Sergii Koval; S. 51: vivooo; S. 53: Endah Kurnia P; S. 57: gowithstock; S. 59: Andre Bonn; S. 61: ilona.shorokhova; S. 67: from my point of view; S. 69: A_Lein; S. 73: freeskyline; S. 75: Liliya Kandrashevich; S. 79: Tatiana Volgutova; S. 80 + 95: Linda Hughes Photography; S. 89: Misses Jones; S. 93: Pixel-Shot; S. 96 + S. 99: gkrphoto; S. 103: Elena Demyanko; S. 105: Alexander Prokopenko; S. 109: kuvona; S. 113: Ildi Papp; S. 118: Stepanek Photography; S. 121: Ryzhkov Photography.